基金项目：国家社科基金（16BJL077）；
山西省高等学校哲学社会科学研究项目（201801029）

创新集群的演化机制与效率

THE EVOLUTION MECHANISM AND EFFICIENCY OF
INNOVATION CLUSTER

乔 彬◎著

图书在版编目（CIP）数据

创新集群的演化机制与效率 / 乔彬著. —北京：经济管理出版社，2018.12
ISBN 978-7-5096-6044-7

Ⅰ. ①创… Ⅱ. ①乔… Ⅲ. ①技术革新—研究—中国 Ⅳ. ①F124.3

中国版本图书馆 CIP 数据核字（2018）第 288109 号

组稿编辑：张莉琼
责任编辑：张 艳 张莉琼 乔倩颖
责任印制：黄章平
责任校对：赵天宇

出版发行：经济管理出版社
（北京市海淀区北蜂窝 8 号中雅大厦 A 座 11 层 100038）
网　　址：www.E-mp.com.cn
电　　话：（010）51915602
印　　刷：北京晨旭印刷厂
经　　销：新华书店
开　　本：720mm×1000mm/16
印　　张：12.25
字　　数：176 千字
版　　次：2019 年 6 月第 1 版　2019 年 6 月第 1 次印刷
书　　号：ISBN 978-7-5096-6044-7
定　　价：58.00 元

·版权所有　翻印必究·

凡购本社图书，如有印装错误，由本社读者服务部负责调换。
联系地址：北京阜外月坛北小街 2 号
电话：（010）68022974　邮编：100836

前言

当前,全球进入工业4.0时代,中国要完成实体经济的转型升级,关键取决于科技创新。与此同时,伴随着信息化、网络化与全球化,技术生命周期在不断地缩短,技术创新步伐在不断地加快,而创新难度和创新成本不断增加,创新已由过去单一主体可实现的独立形式发展到多主体之间互动的集群形式,形成由线性创新模式发展到非线性网络模式的创新集群。20世纪50年代起,在全球范围内形成了很多规模不等、各具特色的创新集群,例如,美国"硅谷"、日本九州"硅岛"、印度"班加罗尔"以及我国"中关村"等。创新集群的大量出现,对于突破产业集群低端锁定、提高集群竞争力、促进国家供给侧改革及经济转型具有重要意义。明晰创新集群的演化机制与效率,有助于把握创新过程的阶段性特点和发展规律,因而成为许多学者研究的焦点,引起了政府决策部门和产业部门的极大兴趣。在我国出版过不少关于这方面的书,但还不够系统且内容比较陈旧,新近的文章和书籍虽然不少,但都比较分散且各有侧重点,写一本系统并具有一定理论意义和实践意义的创新产业集群方面的专著,一直是笔者多年的梦想,但因能力所限,不当之处在所难免,恳请读者批评指正。

本书不图在阐述前人的理论和方法方面求多求全,而力求内容的理论价值和实践价值,本书的内容多为笔者近年来发表的一些研究以及指导研究生的成果,因而可作为高校区域经济学研究生及相关政府部门的参考书。此外,本书在写作过程中,得到了西安交通大学李国平教授、西南民族大学何雄浪教授的热情帮助和指导。在创新产业集群内在机理方面,杨妮妮硕士、相婷硕士付出了大量的劳动;在创新产业集群效率研究方面,胡子龙硕士、张宝志硕士、王潇潇硕士等承担了大量的工作,在此向他们表示深深的感谢!

目录

第一章 绪论 …… 1

第一节 研究的背景和意义 /1
第二节 文献综述 /2
一、创新集群概念的有关研究 /2
二、创新集群特征的有关研究 /5
三、文献综述 /7
第三节 研究内容 /9
一、创新集群形成的机理研究 /9
二、创新集群效率研究 /9
第四节 研究方法 /10

第二章 产业集聚与知识溢出 …… 14

第一节 引 言 /14
第二节 产业集群与知识溢出的互动机理 /16
一、知识溢出促进产业集群的形成与演化 /16
二、产业集群促进知识溢出 /19
三、产业集群与知识溢出互动机制的模型表述 /21
第三节 模型、变量和数据 /23

一、产业集聚模型及变量说明 /23

二、知识溢出模型及变量说明 /24

三、数据与方法选择 /27

四、模型估计结果 /27

第四节 结　论 /29

第三章　集群创新网络的复杂网络特征实证研究
——以太原不锈钢集群创新网络为例 ……………… 33

第一节 文献综述 /33

一、企业创新网络内涵 /34

二、企业创新网络形成要素的有关研究 /34

三、有关企业创新网络演化理论的研究 /36

四、有关企业创新网络形成和演化方法 /37

第二节 基于复杂网络理论的企业创新网络模型的构建 /38

一、集群创新网络的构成要素 /38

二、企业创新网络的连接 /40

三、集群创新网络的复杂适应性系统分析 /41

第三节 基于复杂网络理论的企业创新网络形成与演化过程分析 /44

一、复杂网络的基本理论 /44

二、经典的复杂网络模型 /47

第四节 集群创新网络模型的构建及分析 /52

一、企业创新网络"节点"和"边"的选择 /53

二、企业创新网络形成与演化的假设 /54

三、集群创新网络演化模型的算法描述 /55

四、集群创新网络的仿真及结果分析 /56

第五节 案例研究 /58

一、案例研究设计 /58

二、太原不锈钢企业创新网络形成和演化过程研究 /59

三、1979~1999年 /66
　　四、2000~2011年 /67
　　五、案例研究总结及建议 /69
　　六、发展建议 /70
　第六节　结论与不足 /72

第四章　供应链网络下集群企业合作创新问题研究 …… 77

　第一节　引　言 /77
　第二节　文献综述 /81
　第三节　集群供应链网络形成与结构 /86
　　一、产业集群供应链网络结构的形成 /86
　　二、产业集群供应链网络结构 /88
　第四节　集群供应链网络结构特点及合作创新机理 /90
　　一、集群式网络供应链的特点 /90
　　二、合作创新绩效影响度分析 /91
　第五节　太原市装备制造业集群的实证分析 /93
　　一、样本描述 /93
　　二、模型及变量说明 /94
　　三、模型结果分析 /97
　　四、政策启示 /100

第五章　产业集群制度创新与技术创新融合研究 …… 109

　第一节　引　言 /109
　第二节　产业集群技术创新与制度创新融合的实证分析 /112
　　一、理论模型 /112
　　二、产业集群制度创新变量 /113
　　三、样本与数据 /114
　　四、模型与方法 /115

第三节 实证分析 /119
    一、对集群升级的制度创新和技术创新融合系数的测算 /119
    二、结果分析 /122
    三、集群技术创新与制度创新融合对集群绩效的影响 /126
第四节 结论及建议 /127

第六章 企业技术创新效率、科技成果转化率与区域收入差距 148

第一节 问题的提出与文献回顾 /148
第二节 企业技术创新效率、科研成果转化率对经济空间分布影响的理论分析 /149
    一、模型假设及变量设定 /149
    二、数理模型分析 /150
第三节 数值模拟 /153
第四节 企业技术创新效率、科研成果转化率对区域收入差距影响的实证检验 /155
    一、变量与数据 /155
    二、模型设定及平稳性检验 /165
    三、企业技术创新效率、科技成果转化率对区域收入差距综合影响的结果分析 /168
第五节 结论及政策含义 /170

第一章 绪 论

第一节 研究的背景和意义

当前,全球进入工业4.0时代,中国要完成实体经济的转型升级,关键取决于科技创新。与此同时,伴随着信息化、网络化与全球化,技术生命周期在不断地缩短,技术创新步伐在不断地加快,而创新难度和创新成本不断增加,使得众多企业难以依靠一己之力完成技术创新,创新主体开始由个体单打独斗向群体合作发展。随着企业创新合作规模、合作范围的不断扩大,产业集群在地域上的局限性越来越明显。一方面,企业为了谋求技术领先、占领市场,突破地域性局限,共享全球性的信息资源和技术互补,降低创新风险、突破各种技术壁垒,寻求创新合作;另一方面,通过与区域内政府、科研机构、大学、金融机构等构建集群组织,可以实现企业动态联盟的局部优化,从而使合作关系发生深刻变化,从点对点的线性联系逐步发展为网络式结构,实现信息资源和技术互补。如此,创新资源在特定产业领域、特定区域出现高度集聚,通过知识链、价值链和产业链的耦合,逐渐演变为具有竞争优势和大量知识溢出的技术经济网络。创新已由过去单一主体可实现的独立形式发展到多主体之间互动的集群形式,形成由线性创新模式发展到非线性网络模式的创新集群。20世纪50年代起,在全球范围内形成了很多规模不等、各具特色的创新集群,例如,美国"硅谷"、日本九州"硅岛"、印度"班加罗尔"以及我国"中关村"等。

可见，创新集群对创新资源进行有效组织，通过企业、高校、科研机构和政府之间的资源协同，降低了创新活动的不确定性，为整个产业的创新活动提供了有效的制度和组织保障。显然，这对于突破产业集群低端锁定、提高集群竞争力、促进国家供给侧改革及经济转型具有重要意义。本书在界定创新集群内涵及梳理国内外有关研究的基础上，明晰创新集群的演化机制与效率，有助于把握创新过程的阶段性特点和发展规律，探索创新集群组织方式，提高创新集群的创新效率，并为政府、科研机构和企业制定相关规划和决策提供依据。

第二节 文献综述

一、创新集群概念的有关研究

西方国家学者最早开始对创新集群进行研究，荷兰经济学家杜因（J. J. Duijn，1993）在其《经济长波与创新》的著作中，提出了创新集群出现的周期性，并用统计资料证实了两次创新的波峰；罗森博格（1984）[1]提出"创新集群"的概念，认为创新的模仿和扩散过程中的"二次创新"是导致创新集群产生的原因。

从20世纪90年代以来，在传统创新集群研究的基础上，学者们提出了与当代创新集群概念含义接近的表述。熊彼特（J. Schumpeter，1939）[2]在研究创新集群的基础上提出了"创新集群"概念。熊彼特认为，"创新这一现象并不是孤立的发生事件，也不随时间均匀分布。与此相反，创新这一现象趋于群集、成簇地产生"。

利扬纳吉（Shantha Liyanage，1998）认为，创新集群是研究机构和产业界之间从事创新活动形成的技术网络和联系，反映了合作研究的发展；斯皮尔凯普和沃普尔（Alfred Spielkamp and Katirn Vopel，2004）认为，创新集群是一种由多元主体构成的创新系统;布鲁尔斯玛(Lourens Borersma,2001)认为界定创新集群的关键是理解产业之间和创新过程之间的创新联系;蒙新春(Hisen Chun Meng,2005)[3]认为,可以从网络化、集群成员创新紧密联系等方面去界定创新集群;波特则进一步剖析集群带来的技术创新及其竞争优势,论证了产业集群带动了集群内部的企业技术创新。

Lundvall(1994)[4]和Preissl(2003)[5]认为,集群内主体的集体行为和互动学习是创新集群的基本特征;Bortagaray(2000)[6]等强调创新集群以知识交换、交互学习和价值集聚为基础,认为创新集群能使企业(特别是中小型企业)快速成长;德布瑞森(C. Deberssion,1989)提出了创新集群的成因理论;孔瑞里(Kong-raeLee,2003)认为,创新集群正成为发展国家经济或区域经济关注的重要问题,创新集群是不同功能企业在垂直、水平和地理的集聚,以分享知识和使新产品增值;Baptista和Swann(1998)[7]则将集群与创新间的关系归纳为正反馈关系,并基于聚集动力、运动机制、创新特征等几个维度进行了实证研究;Cooke和Schienstock(2000)[8]分析了集群创新网络结构以正式组织或者非正式组织的形式相互影响,最终不断促进内部企业的技术创新;N. Dayasindhu(2002)[9]基于嵌入理论与知识转移视角评价了创新能力为集群带来的竞争优势;Fosfuri和Rande(2004)[10]、Iammarino和McCann(2006)[11]从知识溢出的角度研究了集群的创新问题。

2001年OECD(经济合作与发展组织)出版了研究报告《创新集群:国家创新体系的推动力》,该书吸收了波特的思想,认为创新集群是一种连接企业和市场的新型组织形式,遵循一定的发展规律,可被视为一种简化的国家创新体系,其最关键和最实用的系统要素有助于促进国民经济各领域的创新。OECD在对"创新"和"集群"重新解释的基础上,对"创新集群"的理解已超越传统概念关于"创新成群出现"或者是"创新集中分布"的理解。

2000年以来,国内涌现一系列创新集群相关研究成果,郑小勇(2010)[12]首先从创新集群的内涵入手,阐述了创新集群两种形成模式的政策意义;王静等(2010)[13]通过深度剖析创新集群的内涵,分析了西安高新区实现从产业集群向创新集群转变所具备的优势与不足,并提出培育创新集群的对策建议;李春磊(2011)[14]认为创新集群是基于一定地域的大学、研究机构、专业科技服务机构、企业等组成的,并能通过畅通的渠道聚集、开发、利用地域内外的各类创新资源,不断向外转移高新技术和推出高新技术产品、服务的网络;姜彩楼(2008)[15]以创新集群为研究对象,结合既有研究成果对创新集群的形成、发展和演化规律进行了分析,并使用多种方法对其绩效进行了测度和评价。也有学者分别从创新系统、复杂系统网络视角对创新集群进行定义,认为创新集群是国家创新系统概念的发展与具体化(2003)[16],是由利益相关多元主体共同参与组成、以技术创新和制度创新为导向、以横向联系为主的开放系统[17]、地方环境网络、具有集聚经济和大量知识溢出特征的技术—经济网络[18-19]。

综合国内外学者对创新集群概念的解释,可以将创新集群定义为:创新集群是在一定的区域或者领域内,具有明确市场导向的企业、研究机构、大学和专业科技服务与中介机构等,通过产业链、价值链和知识链的耦合形成战略联盟和各种合作,具有集聚经济和大量知识溢出特征的技术—经济网络。这里界定的创新集群概念包括五层内涵:

第一,创新集群中参与创新活动的主体是多元的,包括企业和研究机构、大学和专业科技服务与中介机构,创新集群内各主体具有较高的关联度与信任程度,基于产业链或者集群化的创新合作是集群创新的基本形式。

第二,在创新集群中,"创新成群出现"或"创新集中分布"表现为大量知识溢出,即专利和新产品的不断涌现。创新集群的内部存在着大量正式的或非正式的联系渠道,不同企业通过集群可以方便地进行知识和信息的交流与传播,提升了创新主体的知识和信息拥有量,尤其是企业通过集群建立起来的非正式联系对非编码信息的传递起到了不可替代的作用,不仅实现了整个区域智力资源的整合,而且促进了更多创新活动的产生,进而形成企业协同创新的能力。

第三,创新集群各主体、要素与环境之间的相互作用关系交织在一起,构成非线性系统,创新集群中参与创新活动主体之间的联系具有不确定性和随机性,随着创新集群的发展,各个主体在不同创新活动中的地位和作用会发生动态变化,起支配作用的主体也将不断发生变化,形成复杂的网络系统,通过创新网络实现协调创新行为主体相互分工,并配置创新资源,推动创新成果的产出。

第四,制度经济学认为,由于增长导致任务和生产工具专业化的增强,需要企业进行内部组织创新和政府进行合理的制度设计安排与政策协调;政府在推进创新集群的建设过程中具有重要的作用。从动态、发展的角度看,创新集群的形成过程伴随着技术创新与制度创新良性互动的过程,二者相互作用,有利于实现创新集群的倍增效益,推动创新集群不断发展。

第五,创新集群概念扩展了"集群"的外延,强调"集群"是一种通过创新形成竞争优势的聚集经济。创新集群具有持续的创新行为、整体创新能力较强等特征,其创新集群效率取决于(产业链)合作创新、集群化水平、技术创新与制度创新的融合路径和质量。

二、创新集群特征的有关研究

国内外学者对创新集群的特征做了大量的研究,对于创新集群特征均有不同描述,例如,Landry(2004)认为高度互动与强学习能力是创新集群的本质特征;赖迪辉、陈士俊(2007)[20]认为多样性、自组织特征、动态性和非线性是技术创新集群的主要特征;钟书华(2008)[19]认为,创新集群有多元化的参与主体、高强度的联盟与互动合作、创新资金投入密集、知识溢出效应显著和集聚经济效果明显五大特征;章平(2010)[21]基于知识生产的报酬递增、生产函数更替和复杂理论三类不同视角的归纳,阐释创新集群演化模式,进而分别指出三类理论视角下创新集群产生演化动力的充要条件;蒙新春(2003)认为,动态性、国际化、网络化与科技紧密联系、集群成员创新紧密联系等是创新集群的本质特征;Kong-rae Lee(2003)认为创新集群是"不同功能企业在垂直、水平和地理的集聚,以分享知识和使新产品增值";N. Alderman(2004)认为企业集聚、相互联系的部门和创新网络是创新集群的三个要素;龙开元(2009)[22]认为创新集群具有三个基本特征：第一，创新集群以创新活动为中心、强调集群内知识的流动；第二，创新集群内企业具有较高的关联度与信任程度，企业合作与竞争程度都比较高；第三，创新集群具有持续的创新行为，整体创新能力较高。

成斌（2008）[23]从竞争与合作机制、集体学习机制以及创新的扩散机制方面探讨了产业集群创新的动力机制；陶远勇（2008）[24]基于CAS理论分析了高新技术企业集群创新系统，并从路径依赖与锁定、结构与路径创新等多个角度阐述了集群的创新机理；资武成、罗新星（2009）[25]基于三螺旋模型的理论分析，对产学研创新集群的利益驱动型、主体介入型、价值链接型等模式进行比较研究；徐占忱等（2007）[26]运用生态复杂性方法，刻画了区域集群创新系统中的知识流入与知识溢出，构建了集群主体基于竞争合作关系的创新优越性模型，并结合集群创新实例对模型做出了解释；王福涛、钟书华（2009）[27]认为应从市场集中、产业地理集聚、技术创新聚集耦合角度思考演化机理，制定相关政策；吴松强、石岿然（2008）[28]构建集群创新系统的自组织模型，得出产业集群是一个自我强化的自组织系统，集群创新过程是一个"动态循环累进"自组织过程的结论；王缉慈等（2010）[29-30]介绍了发达国家高技术产业地理和科技园的形成、特征及演化，并指出了发展的成就和存在的问题，提出了中国高新技术产业开发区和科技园发展的理想目标——实现创新集群，并对创新集群的含义、园区内合作机构的重要性以及影响发展中国家创新集群的全球力做了进一步分析。

可见，创新集群的特征与普通产业集群不同，创新集群是一种"以创新为目标"的集群。从结构和功能看，笔者认为创新集群具有以下几个基本特征：

第一，多元主体参与的创新活动。在创新集群中，企业、研究机构、大学、政府和中介组织等参与了创新活动。企业是创新活动的主体，主导和支配了集群的创新活动，构成了集群的核心部分。

第二，多维的合作关系构成创新集群网络。在创新集群中，创新合作是立体的和全方位的。合作形式主要是企业—企业，其次才是企业—顾客、企业—研究机构、企业—大学等。在企业—企业合作中，合作对象主要是本国企业，其次才是外国企业。另外，创新集群的企业都有与顾客、供应商和竞争对手合作的经历。传统经济学所研究的一对一主体（买方和卖方）的作用机制不再适用创新集群研究。各创新主体的内部合作是多样、动态的，按照不同的创新目标组成不同的创新网络，形成多层级、复杂的网络结构。其内部主体、要素与环境之间的相互作用关系交织在一起，构成非线性系统。以创新网络结构为基础，不同层次、不同网络结构下的创新之间的联系与互动更加紧密和频繁，并且创新主体之间的联系不是唯一的，而是根据创新目标进行动态的调整。这种动态的过程有利于创新主体在更广泛的尺度上有效整合与集聚创新资源，有利于实现创新突破，最终降低创新成本并分散创新风险。

第三，创新集群是产业链、知识链和价值链的有机耦合。创新集群的形成过程不是单一"链"的作用，而是产业链、知识链和价值链的交互作用，即技术过程和经济过程的耦合过程，是产业链、价值链和知识链相互作用、激励相容的非线性耦合过程，不是构成要素的简单叠加。

第四，存在大量的知识溢出和知识创造。在创新集群内部，通过区域网络、技术联盟、技术合作和专业人员流动，实现了知识转移。知识从集群内部向外部流动也称知识溢出，这是一种知识外在化效用，知识和资源在集群内部结合可以产生新知识，这些新知识溢出、转移到其他研究共同体，从而创造出更多的知识，促进知识加速增长。

三、文献综述

自20世纪90年代以来，创新集群已经成为学界关注的热点话题，通过梳理国内外相关研究成果可以看到：

第一，从研究内容来看，相关研究多集中于创新集群有关概念界定、特征分析上，相关研究思路还多立足于宏观层面，未能对创新集群形成机制做微观层面的深入探讨，因此，所得出的策略针对性不足，对现实的指导意义有限。

第二，从有关机理研究来看，有关的机理研究也多以静态描述和规范性方法为主。当前创新已由过去单一主体可实现的独立形式发展到多主体之间互动的集群形式。创新集群通过在创新参与主体之间搭建创新网络，为集群内的知识流动和合作创新提供平台，由线性创新模式发展到非线性的网络模式，具有整体性和关联性，也具有生命周期，且在不断演化和发展，构成复杂网络系统。在既有研究成果中，有学者运用复杂网络研究产业集群、技术创新动力机制、高新技术企业网络等的形成、演化与动力机制，但对复杂环境下创新集群系统演进的自组织特征、发生条件、演进机制缺乏深入分析。因此，运用复杂网络理论方法深入分析创新集群的形成与演化机制，对于探索创新集群组织方式、提高创新集群的创新效率具有重要的现实指导意义。

此外，知识溢出是创新集群的主要特征之一。产业集群作为特定的社会系统，其产生和发展正是基于集群的资源流动与知识扩散，集群的创新绩效与新思想、新知识、新技术在集群的扩散方面密切相关。由于存在知识溢出效应，产业集聚区的创新扩散速度快于非集群地区，这构成集群竞争优势的主要来源。同时，创新集群形成的重要动因是为了获得知识外部性。因此，通过分析知识溢出与产业集群之间的互动机理，有助于把握创新集群形成的内在机理，明晰创新集群的根本动力。

第三，创新集群通过对创新资源进行有效组织，有利于加强企业、高校、科研机构和政府之间的资源协同，促进创新资源的配置效率。当前对于创新集群绩效和效率的研究主要集中于产业集聚效应，缺乏对创新集群效率的细化分析。事实上，创新集群区别于单个企业的创新优势不仅在于产业链上下游企业的系统创新，更在于技术创新效率，这就需要从产业链、政府制度创新等不同层面分析集群效率，从而判断创新集群发展水平。同时，如何从技术创新完整过程出发，分析企业技术创新效率、科技成果转化率影响要素集聚的内在机制，并进行实证检验，这显然可以对建设创新集群提供理论参考。

综上所述，如何在遵循经济发展规律下，更好地挖掘创新集群的创新能力，使我国创新集群的发展日趋完善并早日实现建设创新型国家的宏伟目标，这需要对创新集群演化的内在机理进行深入研究，不断挖掘其形成与演化的规律,同时对效率进行全方位评价,为政府制定政策提供参考。

第三节 研究内容

一、创新集群形成的机理研究

创新集群知识溢出与产业集聚互动机理研究。集群和知识溢出的逻辑过程可以表述为:地理集群为知识溢出创造了良好的环境,而知识溢出是集群创新发展的根本动力,地理集群可以对创新产出增长提供积极的推动。因此,聚集和溢出彼此加强。

企业创新网络的复杂网络特征的实证研究。基于复杂网络方法,构建多节点类型、多要素流动的企业创新网络演化模型,综合考虑企业创新网络的增长、择优连接、删除和重新连接等机制。在此基础上对案例企业创新网络进行仿真模拟,分析其结构特征,研究企业创新网络从简单到复杂的演化过程和复杂系统的演进机制。

二、创新集群效率研究

基于产业链视角分析产业集群企业之间的创新合作关系以及构成的网络结构,并进一步分析横向企业之间的合作创新行为与纵向企业之间的合作创新行为;借鉴"社会关系学"理论,根据双方合作时间久度、合作交易频度、资源共享广度以及信息交换深度将合作创新行为分为强关系和弱关系两种类型;利用现有理论和模型,对横向企业和纵向企业之间的合作创新进行实证分析,并进行实证检验。

在中国产业集群亟待转型升级的背景下,创新集群的形成与国家政府及制度密切关联。技术创新与制度创新互相作用过程的两个环节是:首先,产业集群制度规定了集群的技术创新激励和技术创新空间,并为技术创新提供保险和约束机制、信息机制、整合机制;其次,随着产业集群的升级和市场与技术环境的变化，制度的不均衡和对新技术创新的不适应，将要求进行特定程度的制度创新，进而为技术创新建立新的制度平台。集群的技术创新与制度创新的融合和匹配直接关系到创新集群的效率。为此，构建了集群技术创新与制度创新融合模型，使用16个具有代表性的产业集群（2004~2011年）数据，使用参数回归等方法，计算产业集群从技术创新促进制度创新、制度创新带动技术创新视角的单向融合系数。

集群创新效率绩效研究。以装备制造业为例，基于投入与产出视角构建我国装备制造业技术创新绩效评价指标体系，并以山西省某装备制造业技术创新绩效为例进行评价，采用熵权法对山西省装备制造业技术创新绩效的影响因子进行分析，从而为制定提升创新集群效率的相关政策提供参考。

第四节　研究方法

创新集群是一个复杂的研究对象，其内部多种主体参与、多种要素之间相互作用，从而形成一种复杂的网络结构。对创新集群的形成与发展的研究需要综合运用多种研究方法。

（1）跨学科、多角度的系统分析方法。

创新集群是一个多层次、非线性的系统，其形成、演进过程中涉及信息资源、人的行为、信息环境、协同与博弈等多因素的综合作用。为此，本书综合运用复杂系统理论、区域经济学、新经济地理等学科的相关理论和方法，采用跨学科、多角度的系统分析方法，有利于分析创新集群的演化机理。

（2）理论与实践、宏观系统规律与微观主体行为相结合的方法。

系统梳理国内外的文献观点，以国内外创新集群前沿理论作为研究起点，并通过实地调研、访谈及案例研究、计量经济学等方法对创新集群演化机理和效率进行研究。

(3) 复杂网络方法。

创新集群就其本质而言是一个复杂网络系统,其参与主体之间形成了复杂的非线性网络关系。运用复杂网络理论研究创新集群形成与发展机理,这既是对创新集群现有研究的深化,也是对复杂网络理论应用领域的有效扩展。

(4) 定性判断与定量计算相结合的方法。

创新集群是一个多层次、非线性的系统,其演化过程中表现出多样性和多变性。难以用单纯的定量分析方法研究其演进过程,必须采用定量描述和定性描述相结合的方法。定性描述是对创新集群的演化过程中动向、走向和发展变化趋势等动态行为给出准确的描述或判断。在正确的定性描述的基础上,借鉴定量描述才能使定性描述深刻化、精确化。运用复杂网络理论方法、计量经济学分析方法对创新集群的演化机理和效率进行实证分析。

参考文献

[1] Rosenberg N., Frischtak C. R. Technological Innovation and Long Waves [J]. Cambridge Journal of Economics, 1984, 8 (1): 7-24.

[2] Schumpeter J. A.. Business Cycles: A Theoretical, Historical and Statistical Analysis of the Capitalist Process [M]. New York: Mc Grew-Hill, 1939: 100-101.

[3] Hsien Chun Meng. Innovation Cluster as the National Competitiveness Tool in the Innovation Driven Economy [J]. NIS International Symposisium, 2005 (1): 104-116.

[4] Lundvall B. A., Johnson. The Learning Economy [J]. Journal of Industry Studies, 1994 (1): 23-42.

[5] Preissl B. Innovation Clusters: Combining Physical and Virtual Links

[R]. DIW Berlin. Germany, Discussion Papers, 2003：1-25.

［6］Bortagaray I., Tiffin S. Innovation Clusters in Latin America ［C］. Presented at 4th International Conference on Technology Policy and Innovation Curitiba, Brazil, 2000：1-40.

［7］Baptista R., Swann G. M. P. Do Firms in Clusters Innovate More? ［J］. Research Policy, 1998（27）：525-540.

［8］Cooke, Schienstock. Structural Competitiveness and Learning Region ［J］. Enterprise and Innovation Management Studies, 2000, 1（3）：265-280.

［9］N. Dayasindhu. Embeddedness, Knowledge Transfer, Industry Clusters and Global Competitiveness：A Case Study of the Indian Software Industry ［J］. Technovation, 2002, 22（9）：551-560.

［10］Andrea Fosfuri, Thomas Rande. High-tech Clusters, Technology Spillovers and Trade Secret Laws ［J］. International Journal of Industrial Organization, 2004, 22（1）：45-65.

［11］Simona Iammarino, Philip McCann. The Structure and Evolution of Industrial Clusters：Transactions Technology and Knowledge Spillovers ［J］. Research Policy, 2006, 35（7）：1018-1036.

［12］郑小勇. 创新集群的形成模式及其政策意义探讨 ［J］. 外国经济与管理, 2010（2）：58-65.

［13］王静, 杜跃平. 西安高新区创新集群的培育与发展研究 ［J］. 西安石油大学学报（社会科学版）, 2010, 19（1）：11-15.

［14］李春磊. 硅谷的硅谷：技术创业、公司创业与创新集群 ［J］. 科技管理研究, 2011（11）：5-7.

［15］姜彩楼. 创新集群的形成、演化与绩效研究——基于国家级高新区样本的分析 ［D］. 东南大学博士学位论文, 2008：7-9.

［16］肖广岭. 创新集群及其政策意义 ［J］. 自然辩证法研究, 2003, 19（10）：51-54.

［17］宋姣英. 区域集群创新系统的配套政策研究 ［D］. 哈尔滨工业大学硕士学位论文, 2006：9-20.

[18] 解学梅,曾赛星. 创新集群跨区域协同创新网络研究述评 [J]. 研究与发展管理, 2009, 21 (1): 9-18.

[19] 钟书华. 创新集群: 概念、特征及理论意义 [J]. 科学学研究, 2008, 26 (1): 178-184.

[20] 赖迪辉, 陈士俊. 技术创新集群的蜕变机制研究 [J]. 科学管理研究. 2007 (6): 5-8.

[21] 章平. 三类理论视野中的创新集群演化模式及内在动力机制 [J]. 现代管理科学, 2010 (5): 69-71.

[22] 龙开元. 创新集群: 产业集群的发展方向 [J]. 中国科技论坛, 2009 (12): 53-56.

[23] 成斌. 产业集群创新的动力机制研究 [D]. 电子科技大学硕士学位论文, 2008: 7-8.

[24] 陶远勇. 基于CAS的高新技术企业集群创新系统研究 [D]. 哈尔滨理工大学硕士学位论文, 2008: 9-10.

[25] 资武成, 罗新星. 基于三螺旋理论的产学研创新集群模式研究 [J]. 科技进步与对策, 2009 (3): 5-7.

[26] 徐占忱, 卜琳华, 何明升. 基于生态复杂性的区域集群创新系统优效性研究 [J]. 系统管理学报, 2007 (10): 558-562.

[27] 王福涛, 钟书华. 集聚耦合对创新集群演化的影响研究 [J]. 中国科技论坛, 2009 (3): 38-42.

[28] 吴松强, 石岜然. 集群创新的自组织机理研究 [J]. 科技管理研究, 2008 (10): 259-261.

[29] 王缉慈, 陈平, 马铭波. 从创新集群的视角略论中国科技园的发展 [J]. 北京大学学报 (自然科学版), 2010, 46 (1): 147-154.

[30] 王缉慈. 关于发展创新型产业集群的政策建议 [J]. 经济地理, 2004, 24 (7): 433-436.

第二章 产业集聚与知识溢出

第一节 引 言

自从 Marshall（1890）以来，越来越多的研究表明，产业集聚是由于中间产品投入的多样性（Abdel-Rahman，1988）[1]、知识溢出（Fujita and Ogawa，1982）[2]、劳动力池（Helsley and Strange，1990）[3]所致。

首先，知识溢出是产业集群形成、创新与发展的关键影响因素。Audretsch, Feldman（1989）[4]发现了基于原材料和中间产品的供应链关系，嵌入在中间产品中的创新性知识在供需企业间垂直型的流动，而同类生产企业集聚通常伴随着水平型的知识流动。这也说明了在网络视角下，集群企业并非孤立存在，而是相互联系和相互影响。因此，各企业与其他企业的联系构成其社会网络的组成部分，企业间的经济行为均嵌入社会网络之中（Kieron Meagher and Mark Rogers，2004）[5]。集群企业基于社会网络的关系资本及共同的区域文化，彼此相互信任，能够较好地克服部分企业的"搭便车""机会主义"等短期行为。此外，同类企业集聚形成的专业化"劳动力池"及劳动力（如研发人员、工程师和技术人员）在企业间的转移，推动创新性知识在产业集聚区内部流动（Glaeser and Kallal，1992）[6]。专业人员作为创新性知识的载体，在集群企业间具有相对便利的流动条件，因此集群企业间的知识流动相对外部企业具有更高效率；刘友金等（2001）[7]发现在集群形成和演进过程中，在原有企业的"示范效应"以及"企业家精神"的影响下，产业集聚区原有企业与新加入或新衍生企业间发生创新扩散和知识溢出。

其次，产业的地理集聚对集群企业的技术扩散和创新流动将产生诸多影响。一些主流经济学家对产业的知识溢出进行了研究，Scherer（1982）[8]使用"借入的研发"的概念分析了研发产业和容易接受知识溢出的产业之间的潜在知识流；Bernstein和Nadiri（1991）的研究表明知识溢出明显和企业的成本结构有关；Adams和Jaffe（1996）、Audretsch和Feldman（1996）[9]的研究证明了空间在创新和溢出中的作用，并检验了同处一地的企业对创新和知识溢出的影响。但Krugman（1991）[10]和Venables（1996）[11]虽然在研究中引入区位，搭建了经济学和地理学之间的桥梁，但并未承认产业集聚对知识溢出的驱动力。与此同时，国内也有很多学者研究了产业集聚与知识溢出的相关性。梁琦（2004）[12]的研究结果表明，地理临近有助于企业间正式交流及非正式交流。集群公共知识及各企业的异质性知识，均可由集群企业便利及低成本地获取，集群外部企业则相对难以获取。特别是集群内部频繁的非正式交流，能够促进企业间隐性知识（缄默知识）的流动和溢出（胡振华，2002）[13]；蔡宁、吴结兵（2005）[14]的研究结果表明，集体学习是产业集群基于共同规则和管理程序而产生的知识积累与转移的动态过程。集体学习具有典型的外部性，可为集群企业间的知识流动提供一种动态机制；Jaffe（1989）[15]使用知识生产函数发现了来自科研院所地方化经济的知识溢出证据。

Romer（1986）把知识溢出创造的外部经济视为经济长期增长的重要因素，知识溢出成为有关产业集聚讨论的核心因素，原因在于它对企业区位决策的影响，特别是当知识溢出具有地方化特点是距离的递减函数时，企业就会区位于其他相关企业，形成利用相似知识的企业集聚。也就是说，企业在寻求知识溢出的同时，逐渐形成了创新网络，最新开发的技术和信息扩散了，在这种技术加速扩散的过程中，吸引了更多的寻求新技术和知识的企业区位于企业集中的地区，因此，产业集聚和知识溢出是相互促进的关系。而既有产业集聚文献大多认为知识溢出属于外生变量，只是隐含在模型中，常常用产业规模或者城市规模作为该变量的替代变量；更早期的大部分研究还未涉及知识溢出的空间因素。

由此，相关研究存在两点不足：第一，产业集聚和知识溢出的内生性关系很少得到认可，更没有明确检验产业集聚和知识溢出之间的潜在相互影响关系。由于经验研究的结果对于内生性问题是很敏感的，忽视内生性会使变量评价出现偏差；第二，如果不能评价产业集聚和知识溢出来源的相对重要性，那么以它们为杠杆来提高区域竞争力的政策目标可能是不明智的。因此，本书通过建立结构方程模型来研究产业集聚和知识溢出的关系。

第二节　产业集群与知识溢出的互动机理

一、知识溢出促进产业集群的形成与演化

知识溢出是指知识一旦被生产出来，除了知识最初提供者之外，还可能被其他人或厂商以低成本使用，这并非出于知识创造者的原意，却导致知识的社会边际效益大于私人边际效益，从而存在积极溢出效应，即使用知识的人越多，范围越广，积极溢出效应越大。

新经济增长理论认为知识是一种具有外溢扩散的自然趋向和兼容共享的生产性潜能的资本要素，在经济增长模型中引入知识溢出和人力资本，因此突破了新古典经济增长理论规模报酬递减的外生增长边界，产生了规模经济效应。可见，知识溢出的这种公共物品的属性，一是使得某种知识在一个企业的使用并不会妨碍其他企业的使用；二是它不仅不会在使用中受到损耗，相反会在使用中不断改进和深化。这显然与自然资源在传统物质经济形态中"越用越少"的特点相反。

(一) 知识溢出与规模经济

知识溢出是造成集群效应的主要动力之一。著名经济学家熊彼特（1939）[16]指出："创新不是孤立事件，并且不在时间上均匀地分布，而是相反，它们趋于群集，或者说成簇地发生，这仅仅是因为，在成功的创新之后，首先，大多数企业会紧随其后；其次，创新甚至不是随机地均匀分布于整个经济系统，而是倾向于集中在某些部门及其临近部门。"这是由于技术创新的出现，必将引起技术扩散和知识溢出，最终不可避免地导致产业在一定区域内的集群。

具体地，知识溢出的规模经济主要源于知识的MAR外部性。MAR外部性是指知识在相同或相似的企业之间溢出，刺激了企业的创新活动和创新生产，企业增加了创新经济租，同时也降低了单位成本，产生了规模经济。MAR外部性关注的是同一产业相同或相似企业之间的知识溢出。由于知识的应用具有很显著的规模经济，对这种规模经济利益的追逐会导致相关或相同企业尤其是独立持续创新能力不强的中小企业的集聚。在集群组织内部，某一企业通过创新和开发所获得的包括产品生产的技术，产品的款式、花样等，以及产品的市场信息、产地的品牌、企业的管理方式等新知识，很大一部分外溢出去，成为整个企业群中的公共知识，称其为"组织知识"。这些知识的溢出是企业空间距离的函数，只有在空间上集群，在"集群"内部的企业才能获得这种组织知识，而一旦离开这个群体就会迅速丧失。企业选择或不选择加入集群，取决于获取组织知识的边际收益与溢出知识的边际成本的比较。

(二) 知识溢出与交易费用

当R&D（研究与开发）溢出是地域性的，公司的R&D活动在集群地区集中得越多，R&D活动的成本越低，这也说明贸易一体化可以通过其地理影响而对世界经济增长发生作用。集群企业选择共同学习的方式，这一方式的基础是契约双方或多方的信任，这是集群技术学习所必须具备的前提条件。如果集群技术学习中的信任基础发生了动摇，那么通过集群技术学习来实现交易费用的节约变得不可能。反过来，集群企业通过信任基础这一前提条件建立起稳定的契约关系，通过集群技术学习确实节约了交易费用，集群企业有更大的动力采取集体学习方式来实现目标。

（三）知识溢出与"干中学"效应

知识可以分为显性知识和隐性知识，隐性知识主要通过"干中学""用中学"和"个体之间相互作用中学"获得。隐性知识的扩散要求一定区域的人们事先已存在丰富的社会关系和共同的文化背景，而这种社会关系和文化背景正是知识的组成部分。只有在信任基础这一条件下，这种知识的扩散才可能发生。同样地，有了丰富的社会关系和共同的文化背景，企业间就更容易建立信任，知识的流动就更加顺畅，溢出效应就更加明显。国内外许多传统产业集群的形成与演进的事实表明，之所以形成某种特定的产业集群，是与该地具备相关的技术优势以及世代相传的"干中学"效应有关。例如，温州鹿城鞋业集群的生产技术源远流长，在南宋时就已有皮鞋生产专业户，500多年前的明朝成化年间生产的靴鞋就已成为朝廷贡品，此后鞋业的发展虽有反复，但鞋业传统并未中断。充分说明知识溢出、"干中学"效应是产业集聚形成及企业学习能力与创新能力的"温床"。

（四）知识溢出的空间效应

尽管科学技术的发展日新月异，空间距离的影响正在逐渐减弱，但空间距离仍然是决定国际技术扩散和知识溢出的重要因素。马歇尔（1890）认为可能存在信息流入或知识溢出的地理边界，特别是缄默性知识。因此，创新活动往往在地理上集中于那些行业中知识投入产出效应明显、知识溢出盛行的地方。进一步地，产业集群和创新产出之间存在正向互动作用。梁琦（2004）[17]用OECD经验为知识的外部性和空间集群的关系提供了强有力的证据：既然技术扩散与知识溢出受空间约束，那么空间集群的一大优势就是更多更好地传送与接收信息。反过来，为了更好地学习和接受新技术，企业就应该向新技术发源地集中。显然，集群区域具有更先进、更准确的信息源，也有更通畅、更快捷的传播渠道。

由于知识溢出的空间效应及技术外在性对空间集群的作用，使得公司在 R&D 活动集群地区集中得越多，R&D 活动的成本越低。例如，2003 年通用电气公司的塑料集团将亚太区总部从日本东京迁至上海，摩托罗拉公司则宣布在上海成立其能源产品的亚太区管理总部，设在波士顿的美国热电集团也酝酿在上海设地区总部等。迄今为止，《财富》500 强企业已有 300 多家进入上海，100 余家在上海建立了跨国研发中心，70 余家在上海设立了地区或中国总部，充分证明了知识溢出的空间效应与企业集聚的较强关联性。

可见，技术溢出效应随着地理范围的扩大而递减，因此企业通过聚集来享受彼此技术溢出的好处。

二、产业集群促进知识溢出

（一）产业集群是知识溢出的有效载体

产业集群也为成员开发新的要素创造了良好环境。集群成员在地理上的邻近，为它们之间通过正式或非正式渠道分享知识提供可能。企业的成长依赖于非正式渠道的信息沟通，这种非正式渠道的信息沟通除了面对面交流外，还可以表现为员工之间的关系网络、集群内部人员的流动、相关产业之间的联系，以及可以通过眼睛和耳朵比较容易获取的设计要素[18]，显然，这种信息交流渠道是集群外部的企业所不能分享的。这种信息沟通渠道的建立，对技术和市场不确定性环境下集群成员之间的信息流动和知识溢出，对企业应对快速变迁的技术和市场具有重要的意义，甚至可以构成整个集群的战略性资产。

产业集群内部形成的非正式交流平台是隐含经验类知识扩散的重要途径。尤其在高新技术产业集群中，许多最新的、超前性的知识，或介于隐含经验类知识和明晰知识之间的知识，都以未编码化的知识形式存在着。这些知识深埋在社会之中，不是通过正式渠道获得，而通过集群体内部提供的非正式交流就能得到快速而有效的传播，并能够丰富信息和知识。在产业集群体内部的非正式交流平台上，大量的信息、知识以及各种思想观点的碰撞是产生创新的重要条件和手段，使得个人或企业所拥有的知识量无形地增加，从而加速知识和技术的创新。产业集群也是专业技术人才集聚区域，由于交流环境宽松，企业之间人员在面对面接触与交流中，信息能够及时反馈和扩散，且双方能够同时做出反应，可能一次不经意的闲聊就是一个信息的传播。有用的技术资料可能在许多的企业、设计者和工程师间流动。在美国，公司一般相信靠近大学能获益，公司和大学能通过多种方式进行科研合作而相互受益，并且，他们的 R&D 产学结合模式往往具有地域性。另外，劳动力市场共享使人才在集群中的企业之间流动，带给企业模仿对手长处的机会。这样，集群中的厂商有比孤立的企业更好的知识溢出渠道，不论是正式的还是非正式的，这使得它们有更多的生产率。

(二) 产业集群产生多种知识溢出

克鲁格曼（1996）指出：厂商的地理集中分布有助于创造性的构想以及技术秘密在个人之间非正式的交流，即产生知识外溢。知识的外溢效应就是知识的社会化，这对于创新或创意生产是至关重要的。一致的观点是知识溢出是集群形成的重要原因，是集群演变的动力源泉，知识的应用具有明显规模效应（集群内部企业通过创新所获得的包括技术、产品式样及市场信息、管理方式等新知识可能外溢出去，成为集群中的公共知识，是企业空间距离的函数，只有在"集群"内部的企业才能获得这种知识）。创意产业集群中，单个企业通过对创意的实现、创新和开发所获得的包括产品生产技术、创意产品的表现形式以及产品的市场信息和管理方法等"新知识"，会通过一些渠道"外溢"出去，逐渐为更多的企业所共享，进而成为整个集群的公共知识。可见，产业集群为创新提供了更多容易捕捉的机会，企业能够更方便地接近市场，了解顾客的消费倾向，减少企业的学习成本，强化企业间的技术溢出效应，促进技术进步，加速企业的产品创新。

产业聚集的经济效应本质上是一种外部经济，主要是来自企业在相互接近时产生的积极的溢出效应。马歇尔总结了产业集聚三要素，即劳动力池共享、专业投入、公司和人员之间的信息流动。前两个要素是区域要素,即产业聚集在某地时,有共有的劳动力汇集和要素投入市场而降低成本;知识溢出这个因素告诉我们,可以把产业集群看作是一个有利于信息流通的社会系统,在这个系统中,企业之间的社会联系促进隐性知识的传递和编码化。由于马歇尔所说的创新氛围的存在,集群中的机会主义行为与监控成本会相对降低。这说明虽然许多因素推动着产业聚集,但聚集实实在在产生于信息和知识外部性。

三、产业集群与知识溢出互动机制的模型表述

首先,知识溢出是集群创新发展的根本动力。产业集群作为特定的社会系统,其产生和发展正是基于集群中的资源流动与知识扩散,集群的创新绩效与新思想、新知识、新技术在集群中的扩散紧密相连。知识溢出效应使集群企业较为便利地获取其技术创新所需的各种知识,从而借助集群的创新与资源优势,提升自身创新能力,也使得产业集群整体的创新水平进一步提高。由于知识溢出效应的存在,产业集聚区的创新扩散速度快于非集群地区,这成为集群竞争优势的主要来源。

其次,地理集群为知识溢出提供"温床"。一些经济地理学家将本地知识溢出定义为"囿于空间的知识外部性",知识外部性为相互靠近在一起的企业提供了比分散企业更快地获得创新所需要知识的机会。很多学者认为空间邻近性有利于企业之间的知识溢出,高科技企业集聚在一起的重要动因是为了获得知识外部性,而传统产业集聚主要原因可能是规模经济和低运输成本。

知识溢出的发生是作为供应商和制造商的长期相互作用的结果。多年合作建立起来的共同信任使供应商和制造商为发展而进行创新合作。技术工人在地理上集聚在一起使得非正式的交流更容易,而且集聚使技术人员更富有生产力,知识穿过走廊和街道要比跨越大陆和海洋容易得多,有关新产品和新工艺的信息通过各种渠道传播,如会议、贸易展览会、论坛、合作研究项目等。因此,集群成员通过组织间信息的交流、知识的共享与

传播、人才的流动为产业内组织的知识创新提供了适宜环境和强大动力，为产业持续竞争优势的建立提供了有力的支持。

庇古对外部性作了清楚的描述，假定某企业 E 的私有信息、知识和技术为 x_a，其他投入的要素为 x_{b1}，x_{b2}，$\cdots$，x_{bn}，如果这家企业所在区域没有出现聚集现象，周围找不到相关企业，不可能产生积极溢出，也不受别的企业溢出效应的影响，其生产函数是：$e = E(x_a, x_{b1}, \cdots, x_{bn})$。倘若该企业与别的企业聚集在一起，形成了信息、知识和技术的积极溢出，相关企业就可免费获得这种溢出带来的利益，从而进一步提高各自的信息、知识和技术水平[19]。假定在一定区域内，含有溢出效应的社会信息、知识和技术总水平为 X_A，企业数目为 n，那么 $X_A = x_a n$。需要指出的是，X_A 不等于企业分散时 x_a 数量的合计。因为，在分散条件下，企业即使拥有的存在积极的溢出效应，也会由于无人利用而白白浪费，很难产生积极的溢出效应，因此 X_A 总是大于 x_a，没有积极溢出效应时的简单叠加。

用 x_b 代替 x_{b1}，x_{b2}，$\cdots$，x_{bn} 表示信息、知识和技术以外的其他投入要素，规模保持不变，且没有任何溢出效应。这时，由于聚集，企业单纯受 X_A 影响而形成生产函数，将按以下的路径演变：

$$e = E(x_a, x_{b1}, x_{b2}, \cdots, x_{bn}) \rightarrow = E(x_a, x_b) \rightarrow = E(x_a, X_A, x_b)$$

在 $e = E(x_a, X_A, x_b)$ 中，E 既是 x_a 和 x_b 规模收益不变的函数，又是 X_A 和 x_a 收益递增的函数。这里，X_A 对产出的贡献，可以衡量信息、知识和技术，因聚集造成溢出而带来外部经济效果。如果假定 $X_A(t)$ 为社会信息、知识和技术总水平的运行轨迹，根据罗默增长模型原理，任何竞争性厂商都把 $X_A(t)$ 看作既定的。这样，对于个别企业来说，信息、知识和技术的私人边际产品是 $\dfrac{\partial E(x_a, X_A)}{\partial x_a}$；而对于社会来说，在聚集产生积极溢出的条件下，信息、知识和技术的社会边际产品价格是：

$$\frac{\partial E(x_a, X_A)}{\partial x_a} + n \frac{\partial E(x_a, X_A)}{\partial X_A}$$

显然：

$$\frac{\partial E(x_a, X_A)}{\partial x_a} + n\frac{\partial E(x_a, X_A)}{\partial X_A} > \frac{\partial E(x_a, X_A)}{\partial x_a}$$

也就是说，信息、知识和技术等生产要素，在产业聚集状态形成社会边际产品的收益大于分散形式下的社会边际产品。

集群和知识溢出的互促逻辑可表述为：地理集群为知识溢出创造了良好的环境，而知识溢出是集群创新发展的根本动力，地理集群可以对创新产出增长提供积极的推动。可见，聚集和溢出彼此加强。

第三节 模型、变量和数据

在一个联立模型的框架中研究产业集聚和知识溢出之间的关系，可以使得产业集聚和知识溢出得到较为客观的描述，同时又能准确评估它们之间的潜在内生性或互动机制。

一、产业集聚模型及变量说明

（一）产业集聚模型

根据 Marshall（1890）理论，本书的产业集聚方程主要包括马歇尔集聚经济的三个来源，即知识溢出、劳动力池、专业化投入。产业间邻近性促进知识溢出并减少新技术和创新的成本；由于劳动力池所允许的收缩和扩展的灵活性，产业可以从劳动力池获益；出于减少交易成本，与更多的需求方和供应商合作的机会，因而产业谋求与供应商集聚在一地。

$$FA_{ij} = B_0 + B_1 KS_{ij} + B_2 LP_{ij} + B_3 INP_{ij} + B_4 P_j + \varepsilon_{ij} \quad (2-1)$$

式中，FA_{ij} 为产业 i 在区域 j 的集聚度；KS_{ij} 为产业 i 在地区 j 创造的知识溢出；LP_{ij} 为产业 i 在地区 j 的劳动力汇集；INP_{ij} 为产业 i 在地区 j 的投入变量；P_j 为地区 j 的人口；这是一个特定区位变量，与传统的地方化经济有关，如进入市场、商业服务和运输网络。由于定域化经济和城市化经济存在，知识溢出、劳动力池、投入变量和人口这些变量与产业集聚水平正相关；ε_{ij} 为随机误差项。

（二）变量说明

产业 i 在地区 j 的集聚程度用产业 i 的地区就业密度相对于产业 i 的国家就业量来表示：

$$FA_{ij} = \frac{E_{ij}}{E_{ic}L_j} \tag{2-2}$$

式中，E_{ij} 为产业 i 在地区 j 的就业量；E_{ic} 为产业 i 的全国就业量；L_j 为省区 j 的面积。产业集聚的实质是经济活动的密度，空间密度通过集聚经济导致集聚收益递增。因此，本书使用每平方千米就业密度作为产业集聚度的测量，可以在不同规模的地区间进行比较，也希望这种测度能使潜在的异质性最小化。

产业 i 在地区 j 的劳动汇集本书采用科技活动人员数来测量。也就是对于一个地区的产业来说，当地劳动力池的重要性是由它们的规模和能提供科技人员的数量来体现的。

产业 i 在地区 j 的投入变量通过投入—产出完全消耗系数和产业的地区区位熵的乘积总和来测量（我国目前的投入产出表最新数据为 2002 年）。

$$INP_{ij} = \sum_{k_i=1}^{n} w_{k_i} lq_{k_j} \tag{2-3}$$

式中，w_{k_i} 为从产业 k 到研究产业 i 的投入—产出完全消耗系数；lq_{k_j} 是产业 k 在省区 j 的区位熵；p_{ij} 为产业 i 在地区 j 的人口总数。

二、知识溢出模型及变量说明

（一）知识溢出模型

之前的研究说明了在知识溢出过程中，地区和产业特性具有重要作用（Glaeser et al.，1992[6]；Henderson et al.，1995[20]）。本书建立了一个基于地区特性的知识溢出方程，知识溢出主要由产业集聚、公司规模分布、产业结构和当地竞争力所决定。

$$KS_{ij} = a_0 + a_1 FA_{ij} + a_2 SP_{ij} + a_3 DV_{ij} + a_4 LC_{ij} + u_{ij} \qquad (2-4)$$

式中，KS_{ij}为产业 i 在地区 j 产生的知识溢出；FA_{ij}为产业 i 在地区 j 的聚集水平；SP_{ij}为产业 i 在地区 j 的专门化指数；DV_{ij}为产业 i 在地区 j 经济的多样化指数；LC_{ij}为产业 i 在地区 j 的当地竞争力水平。

当前，有关产业和市场对知识溢出影响的理论不断发展，有关每个因素的相对重要性存在许多不同的看法。Romer（1986）[21]、Porter（1990）认为当一个地方产业专门化（MAR 外部性）水平较高时，知识溢出的外部性是最大化的。Jacobs（1969）、Glaeser 等（1992）以及 Feldman 和 Audretsch（1999）[22]认为重要的知识传递大部分发生在产业间，因而要重视发展地区产业的多样化（Jacobs 外部性）；然而 Henderson 等（1995）证明这两个假设都是对的，差异主要取决于产业。此外，关于地方竞争力因素的看法也不一致。Jacobs（1969）和 Porter（1990）认为地方竞争力刺激技术模仿和知识溢出。但 MAR 模型认为，太多地方竞争力会妨碍企业家们的创新行为。

本书预期产业集聚、多样化、专门化和地方竞争力与知识溢出是正相关的，知识密集产业能产生更多的溢出。

（二）变量说明

由于知识溢出是无形的，所以它的测量是一个难题。本书通过 R&D 强度来测算知识溢出，即按 R&D 经费占工业增加值的百分比计算，强度越高说明科技投入越多。

$$KS_{ij} = RD_{ij}/G_{ij} \qquad (2-5)$$

专门化（MAR）采用专业化指数来衡量。有的文献采用产业内企业的数量来表示地方化经济，由于研究的地理单元大小相差很大，这一指标的度量存在问题。有的文献采用产业就业量作为地方化经济的测度，但也常不显著。专业化指数更能反映城市产业集聚的信息溢出量。

$$SP_{ij} = \frac{E_{ij}/E_j}{E_{ic}/E_c} \qquad (2-6)$$

式中，E_{ij} 为产业 i 在地区 j 的就业量；E_j 为地区 j 的总就业量；E_{ic} 为产业 i 的全国就业量；E_c 为全国总就业量。如果它的值大于 1，意味着相对于国家平均水平来说，产业 i 在地区 j 的就业量是比较集中的。

Urbanization/Jacobs 的测度。以前许多文献采用城市人口规模来表示，实践证明这一度量常常不显著。现多采用标准化的郝芬达尔指数的倒数来衡量。对于产业 i 在地区 j 的多样化指数为：

$$DV_{ij} = \frac{1/\sum_{i'\neq 1}^{I}\left(\frac{E_{i'j}}{E_j - E_{ij}}\right)^2}{1/\sum_{i'\neq 1}^{I}\left(\frac{E_{i'}}{E_c - E_i}\right)^2} \qquad (2-7)$$

式中，I 为产业总数；E_{ij} 为产业 i 在地区 j 的就业量；E_j 为省区总就业量；E_i 为 i 产业全部就业量；$E_{i'j}$ 为地区 j 除了 i 产业以外其他所有产业就业量之和；E_c 为全国总就业量。多样化指数代表产业 i 在地区 j 所具有的产业多样性。如果存在 Jacobs 外部性，这个描述产业多样化水平的变量在给定省区内将对产业增加值起到正向作用。此外，专门化和多样化并不一定是相互排斥的概念。一个地区经济可能有少数专门化产业并且同时是多样化。

沿着 Glaeser 等人的思路（1992），产业 i 在地区 j 的当地竞争力定义如下：

$$LC_{ij} = \frac{ETS_{ij}/E_{ij}}{ETS_{ic}/E_{ic}} \qquad (2-8)$$

式中，ETS_{ij} 为产业 i 在省区 j 的企业数；ETS_{ic} 为产业 i 在全国企业数；E_{ij} 为产业 i 在省区 j 的就业量。E_{ic} 为产业 i 在全国就业量。LC 的值大于 1 表明在省区 j 相对于这个产业的规模来说，和国家平均水平相比拥有更多的公司，也就说明产业 i 在省区 j 更加具有竞争力。

三、数据与方法选择

(一)省区和产业的选择

随着世界制造中心向中国的转移,中国制造业在 20 世纪 90 年代后持续增长,制造业产品在出口中所占比例也越来越大,因而制造业成为本书的目标产业。本书选择的是两位数制造业的数据,虽在产业组织研究中两位数产业定义通常被认为太宽泛,但在区域经济的研究中还是比较合适的。此外,我国细类三位数或四位数产业数据缺失较多,有限的数据明显限制了目标产业的范围。本书采用 30 个省份 7 个制造业的数据。7 个两位数制造产业包括:食品制造业、纺织业、石油化工炼焦、化学原料及化学制品业、非金属矿物制造业、金属制造业、机械制造业。本书采用 2012 年数据,数据来自《中国工业经济统计年鉴》及各省市《统计年鉴》。

(二)估计方法选择

产业集聚现象较为复杂,其中经济变量之间的关系是相互依存、互为因果的,即一个经济变量影响另外一个(或多个)经济变量,反过来,这个变量又受到其他经济变量的影响,并且多个变量的行为是同时决定的,这种经济现象在计量经济学中称为经济系统。在这种情况下,若采用单方程模型进行研究,可能会忽略产业集聚和知识溢出之间的内生性,形成随机扰动项跨方程相关,因而两个模型的系数估计就会产生潜在偏差。内生性的 Durbin-Wu-Hausman 检验证实单独模型 OLS 模型容易产生内生性问题。为了得到一致而且有效的估计,本书采用联立方程三阶段最小二乘法(3SLS),充分考虑到单独估计时两个模型误差项(ε_{ij} 和 u_{ij})的关系,使参数的系数估计得到改进。

四、模型估计结果

由于单方程估计法没有考虑可能存在随机扰动项跨方程相关的情况,只能得到一致但非有效的估计。联立方程三阶段最小二乘法(3SLS)是一种系统估计法,可同时确定多个方程模型的参数,获得一致且渐进有效的估计量。拟首先进行单独等式的最小二乘估计（OLS），从而与联立方程的结果进行比较，印证联立方程模型结果的可靠性。

（一）产业集聚的 OLS 估计结果和结构方程 3SLS 估计结果

表 2-1　产业集聚的 OLS 和结构方程 3SLS 估计结果

变量	OLS 估计结果（t 值）	结构方程（t 值）
KS	0.49*（1.42）	0.59*（1.59）
LP	0.05（0.84）	0.68*（3.05）
INP	0.07（0.85）	0.36*（1.42）
P	1.67**（3.93）	1.21**（3.67）
R^2 及 $\bar{R}^2$	$R^2=0.45$，$\bar{R}^2=0.43$	$R^2=0.75$，$\bar{R}^2=0.69$
DW	1.54	1.97

注：*和**分别表示在10%、5%的置信水平上显著。

OLS 估计结果的 R^2 和 $\bar{R}^2$ 分别是 0.45 和 0.43，各变量的符号均与预期吻合。知识溢出、人口变量分别在 10% 和 5% 的置信水平上显著。劳动力池和产业投入并非和省区的产业集聚水平相关。

3SLS 估计的可决系数 $\bar{R}^2$ 达到 0.69，说明模型的拟合优度有了很大改善；DW 检验值从 OLS 的 1.54 变为 3SLS 的 1.97，说明残差无序列相关；消除了随机扰动项跨方程相关的情况，避免了内生性偏差。与 OLS 不同的是，各个估计值显著性都有一定变化，所有的马歇尔产业集聚变量在统计上是有意义的，知识溢出和投入变量也分别在 5% 和 10% 的置信水平上显著。

（二）知识溢出模型的 OLS 估计结果和结构方程 3SLS 估计结果

表 2-2　知识溢出模型的 OLS 和结构方程 3SLS 估计结果

变量	OLS 估计结果（t 值）	结构方程（t 值）
FA	0.49*（1.42）	1.89**（4.96）
SP	0.05（0.84）	0.76**（2.38）

续表

变量	OLS 估计结果（t 值）	结构方程（t 值）
DV	0.07（0.85）	0.69**（2.41）
LC	1.67**（3.93）	0.23*（1.33）
R^2 及 $\bar{R}^2$	$R^2=0.49$，$\bar{R}^2=0.46$	$R^2=0.73$，$\bar{R}^2=0.72$
DW	1.44	2.12

注：* 和 ** 分别表示在 10%、5% 的置信水平上显著。

在知识溢出方程中，OLS 结果表明当地产业实现专门化水平和产业特点对知识溢出存在显著的影响。除多样化外，其他变量在 10% 的水平上都是显著的，但多样化和当地竞争并不有助于知识溢出水平的提高。

3SLS 估计的可决系数 $\bar{R}^2$ 达到 0.72，说明模型的拟合优度有了很大改善；DW 检验值从 OLS 的 1.44 变为 3SLS 的 2.12，消除了随机扰动项跨方程相关的情况；系数估计的变化甚至是更加明显；多样化和当地竞争在 OLS 模型中是没有意义的，但是在联立模型中是有意义的。因而，笔者认为在我国省区中，更多的经济专门化和多样化以及竞争力同样鼓励更多的知识溢出，同时支持 MAR、Jacobs 和 Porter 的观点。总之，当经济活动更加集中、专门化和多样化水平较高、公司面临更高水平的当地竞争时，地区经济易产生更多知识溢出。

第四节　结　论

本书和大多数有关文献的区别在于，是在联立方程中研究产业集聚和知识溢出问题。在经济增长中，产业集聚的重要性和知识溢出模式决定了它们之间存在强烈的潜在内生性，如果它们没有同时被考虑，就会产生一定的偏差。实证模型结果也印证了这一点，单独模型 OLS 模型中的一些变量的系数在统计上没有意义，甚至出现与期望符号相反的情况。但是，在联立方程 3SLS 方法下，产业集聚和知识溢出同时被估计，结果更加接近理论预测。知识溢出、劳动力汇集、投入变量和人口是与产业集聚相关的；另外，在省区单元中，产业集聚、专门化、多样化、当地竞争和产业特性明显影响知识溢出水平。

这些结论表明了基于 MAR 理论、Jacobs 理论和 Porter 理论的产业集聚战略实际上是一个令人满意的方法。区域政府能够通过认真进行产业集聚的发展战略来促进知识溢出。在特定的目标产业里，更多的产业集聚，将产生更多知识溢出，因而也会形成更多的经济增长。

参考文献

[1] Abdel-Rahman H. Product Differentiation, Monopolistic Competition, and City Size [J]. Regional Science and Urban Economics, 1988 (18): 69-86.

[2] Fujita M., Ogawa H. Multiple Equilibrium and Structural Transition of Non-monocentricurban Configurations [J]. Regional Science and Urban Economics, 1982 (12): 161-196.

[3] Helsley R. W., Strange W. C. Matching and Agglomeration Economies in A System of Cities [J]. Regional Science and Urban Economics, 1990, 20 (2): 189-212.

[4] Audretsch, Feldman. R&D Spillovers and the Geography of Innovation and Production [J]. American Economic Review, 1989 (86): 630-640.

[5] Kieron Meagher, Mark Rogers. Network Density and R&D Spillovers [J]. Journal of Economic Behavior & Organization, 2004, 53 (1): 237-260.

[6] Glaeser E. L., Kallal H. D., Scheinkman J. A., Shleifer A. Growth

in Cities［J］. Journal of Political Economy，1992（100）：1126-1152.

［7］刘友金，黄鲁成. 产业集群的区域创新新优势与我国高新区的发展［J］. 中国工业经济，2001（2）：33-37.

［8］Scherer F. M. Inter-industry Technology Flows and Productivity Growth［J］. Review of Economics and Statistics，1982（64）：627-634.

［9］Audretsch D. B.，Feldman M. P. R & D. Spill Overs and the Geography of Innovation and Production［J］. American Economic Review，1996，86（3）：630-640.

［10］Krugman Paul. Increasing Returns and Economics Georaphy［J］. Journal of Political Economy，1991（99）：483-499.

［11］Venables A. Equilibrium Locations of Vertically Linked Industries［J］. International Economic Review，1996（49）：341-359.

［12］梁琦. 知识溢出的空间局限性与集群［J］. 科学学研究，2004，22（1）：76-81.

［13］胡振华，刘宇敏. 非正式交流——创新扩散的重要渠道［J］. 企业经济，2002（8）：72-73.

［14］蔡宁，吴结兵. 产业集群的网络式创新能力及其集体学习机制［J］. 科研管理，2005，26（4）：21-28.

［15］Jaffe A B. Real Effects of Academic Research［J］. American Economic Review，1989，79（5）：957-970.

［16］J. A. Schumpeter. Business Cycles：A Theoretical，Historical and Statistical Analysis of the Capitalist Process［M］. New York：Mc Grew-Hill，1939：100-101.

［17］梁琦. 高技术产业集聚的新理论解释［J］. 广东社会科学，2004（2）：46-51.

［18］魏江. 小企业集群创新网络的知识溢出效应分析［J］. 科研管理，2003（4）：54-59.

［19］张明龙. 产业聚集的溢出效应分析［J］. 经济学家，2004（3）：

77-80.

[20] Henderson V. A. Kuncolro, and M. Turner, "In dustrial Development in Cities", Journal of Political Economy 1995, 103 (5): 1067-1090.

[21] Romer PM. Increasing Returns and Long-run Growth. Journal of Political Economy [J]. 1986 (94): 1002-1037.

[22] Feldman M. P, Audretsch D. B Innovation in Cities: Science-based Diversity, Specialization and Localized Competition [J]. European Economic Review, 1999 (43): 409-429.

第三章 集群创新网络的复杂网络特征实证研究

——以太原不锈钢集群创新网络为例

第一节 文献综述

创新是企业赖以生存的支柱和可持续发展的源泉。随着产品更新速度的加快，导致技术生命周期缩短、创新难度及研发成本增加，很多企业难以独立完成技术创新项目，以网络组织形式进行合作创新成为企业的必然选择。基于合作关系而缔结创新网络成为企业获取创新资源、降低技术创新成本、分散技术创新风险、取得协作效益及赢得竞争的重要手段。随着企业合作的规模与范围不断扩大，基于合作关系形成的社会网络日益表现出结构复杂、关系复杂、行为复杂、所处环境复杂等特征。显然，企业创新网络构成了一个复杂网络。

如何客观、科学、系统地研究企业创新网络的形成和演化过程，掌握企业创新网络的形成和演化规律，对于促进我国企业创新活动，增强国家创新能力，提高社会创新效率，提升企业和产业的竞争优势，无疑具有重要的理论和现实意义。近年来，很多学者从不同视角及不同方法对创新网络进行了持续性的探索。相关的研究主要包括以下几方面。

一、企业创新网络内涵

20世纪80年代开始,经济学家和管理学家在研究企业的经营活动时,使用网络分析法来分析经济活动中不同主体间的联系和互动关系。Jarillo(1988)[1]认为企业网络可以看作企业间各种复杂关系的集合,建立这些关系并通过互动对这些关系进行投资,同时从这些关系中获取所需资源,从而增强企业的竞争能力。随着信息技术的发展和经济全球化的深入,企业面临着更大程度的不确定性和不稳定性。为应对市场竞争,企业不得不进行持续的产品创新和过程创新,企业网络逐渐演变成为企业创新网络。自Freeman(1995)[2]在1991年提出创新网络概念以来,学者们分别从不同视角赋予创新网络不同的含义。Aken和Weggeman(2000)[3]从系统的角度,将创新网络界定为包含在产品创新过程中的网络组织,该组织是由一些自治的和法律上平等的组织通过持久的商业联系所构成的系统;Harris和Dickson等(2000)[4]从创新过程的角度,把创新网络看作不同创新参与者所构成的协同群体,共同参加新产品的形成、开发、生产和销售,共同参与创新的开发与扩散,通过交互作用建立科学技术与市场之间的直接(间接)、互惠且灵活的关系;国内学者刘卫民、陈继祥(2004)[5]从关系视角指出创新网络作为企业R&D协作关系的进一步深化和拓展,是技术创新过程中围绕企业形成的各种正式或非正式协作关系的总和,不仅包括水平企业或垂直企业之间的协作关系,还包括产学研的协同关系以及政府与企业的互动关系。

二、企业创新网络形成要素的有关研究

关于创新网络的形成,学者们主要从交易费用、创新资源、"嵌入性"及分工等方面进行解释。

(一)交易费用因素

Williamson(1985)[6]在交易费用理论的基础上,用交易所涉及的资产专用性、不确定性和交易频率来解释经济活动的治理结构;Larsson

(1993)[7]研究了不确定性和交易频率都很高的交易后指出,资源的配置方式不再是市场或科层,而是通过介于市场和科层之间的中间组织(如创新网络)"握手"来完成;Jarillo(1988)[8],Osborn和Baughn(1990)[9]以及卢福财和胡平波(2006)[10]认为,网络中的信任机制、声誉机制以及惩罚机制的建立,同时交易各方在知识、技术上的相互依赖性,都能够降低网络成员的机会主义趋向。

(二)创新资源因素

企业的创新活动离不开整个社会的技术进步和知识积累,企业为了持续创新,必须从环境中的其他组织获取必要的创新资源。因此,创新资源的稀缺带来了创新主体对其他创新主体的依赖。Hirschman(1970)指出,由于创新资源分布于不同的创新主体间,企业要想创新必须向外扩展,以便整合这些外部资源;Alchian和Demsetz(1972)[11]指出企业是一个知识库,能够创造出独特的生产性、制度性和管理性知识,企业在专业化生产与协作过程中积累的共有知识和私人知识决定着自身的效率边界,也是企业生存之本。因此,企业就需设计不同的治理结构和制度来规范资源整合的过程,这些组织和制度安排最终会演变成企业之间相互依赖的创新网络。在经济全球化的商业环境中,有关发明、创新及制造等方面的知识资源分散在各个组织或区域中,企业要想取得市场成功,必须能实现不同组织或区域知识资源的整合(Birgit Renzl,2008)[12]。由此,学者对传统资源观分析边界从企业内部向企业间突破,实现了网络资源观的拓展。

(三)"嵌入性"因素

Polanyi(1944)提出了"嵌入性"的概念,认为经济过程必然会依赖于特定的时间和空间,"置于和陷入"大多数形形色色的制度中;Granovetter(1985)[13]继承并发扬了Polanyi关于"嵌入性"的理论解释,认为不仅行为者总是被嵌入在其所在的关系网络中,同时行为者所在的关系网络又被嵌入于社会文化传统、价值规范等结构之中,并受其影响和塑造,是一种结构性嵌入;Saviotti(1998)[14]指出企业的创新活动必然会受到诸多利益相关方的影响,反过来也会影响这些利益相关方;Ostgaard 和 Bidey(1996)[15]的实证研究也证明了"嵌入性"对网络发展的作用。

(四)分工因素

大数据时代,知识密集程度越来越高,这就需要把来自不同途径的多种多样的分散式知识联合起来,创新活动必将呈现网络化态势。Richardson(1972)[16]指出,无论是在企业内部,还是在企业之间,分工原则都是共同存在的。企业的活动不是孤立的,相互之间存在互补性关联。这种相互联结和渗透的组织间协调活动,最终导致企业等组织间复杂易变的网络关系;王缉慈(1997)[17]认为创新网络的形成是产业集群发展的客观要求,分工的细化、专业化水平的提高使得企业间交易和合作逐步增多,促成了长期的合作关系和信任基础。

三、有关企业创新网络演化理论的研究

近年来,学者们主要从技术变迁和知识转移两个方面进行了创新网络演化研究。

(一)技术变迁因素

Anderson 和 Tushman(1986)[18]指出重大的技术变迁能够对产业结构以及其中的创新网络产生重大的影响。Michael 和 RoSenkopf(1992)[19]从组织间合作的角度指出,产品技术越复杂、不确定性越高,组织间的合作对技术变迁的影响就会越强烈,从而对创新网络的演化影响越深。在上述研究基础上,Kash 和 Rycoftrw(2000)[20]提出了三种网络随技术变迁而演化的模式:渐进模式、过渡模式和变革模式。在渐进模式中,技术创新呈现连续性特征,网络的性质较为稳定;在过渡模式中,技术创新仍然部分依赖于渐进模式中所形成的知识积累,网络组织形态变化较大;在变革模式中,技术创新呈现间断性特点,整个演化过程具有高度的不确定性。

(二)知识转移因素

Hamel(1991)[21]研究了学习意图、透明性、吸收能力、保持能力等对

企业创新网络中知识转移的影响,认为学习不对称改变了伙伴间相对讨价还价能力及合作稳定性与合作期限;Inkpen 和 Beamish (1997)[22]研究了知识转移的不稳定性,发现企业创新网络为企业间提供了转移知识及提升竞争力的平台,但随着知识转移,当某一方企业已经获得想得到的关键知识时,该企业对另一方企业的依赖就将减少,这种依赖程度的变化将增加企业创新网络的不稳定性;Andrew Inkpen 和 Eric W., Tsang K. (2005)[23]对创新网络中知识转移的各种具体方式做了分类论述,认为创新网络的实现形式多种多样,每一种形式的知识转移过程、影响因素和绩效衡量标准都不尽相同;党兴华、李莉(2005)[24]等从知识位势角度出发,认为进行技术创新合作的所有企业组成了一个知识场,其中每个企业都可以看作一个知识主体,拥有特定的知识势能,构成了网络创新环境。

四、有关企业创新网络形成和演化方法

我国有关企业创新网络演化过程的研究中,既有建立理论模型的理论研究,也有采用仿真方法的仿真研究,还有基于实证或者案例的创新网络驱动力和演化过程研究。汪小帆等(2006)[25]指出创新网络中的创新主体多样性、结构复杂性、不确定性、动态复杂性以及价值增值性决定了它是一个复杂网络系统;田钢、张永安、兰卫国(2009)[26]利用复杂适应系统理论、刺激—反应模型对集群创新网络形成的驱动力及合作机制进行了研究,并提出了促进集群创新网络快速发展的政策建议;张兵、王文平、孟庆松(2008)[27]研究了非正式创新网络的结构特征,建立了非正式创新网络的计算机仿真模型,发现非正式创新网络同时具有小世界特征以及无标度特性;池仁勇(2005)[28]通过深入江浙地区进行访问调查,归纳了浙江省中小企业创新网络的形成机理,发现历史、需求拉动、大企业的衍生、区域文化环境等因素对浙江省中小企业创新网络的形成有影响作用;王大洲(2006)[29]通过对企业的案例研究,分析了我国企业创新网络进化的条件、趋向、动力机制、学习机制以及进化过程中可能遭遇的陷阱,提出了企业创新网络进化的一般模式。

综上，企业创新网络中网络节点之间的联系不但体现为组织间信息、知识、技术等隐性创新资源的传递、转移或共享，也表现为创新产品、人员与资金等显性资源的流动与运转；既包括同级节点之间的竞争与合作，也包含不同组织机构之间的交流与协调等。可见，企业创新网络是一个复杂适应系统，而创新网络、复杂网络特征直接关系到网络节点间的创新合作和创新资源的利用。本章基于复杂网络方法，构建多节点类型、多要素流动的企业创新网络演化模型，综合考虑企业创新网络的增长、择优连接、删除和重新连接等机制。在此基础上对太原不锈钢企业创新网络进行仿真模拟，分析其结构特征，研究企业创新网络从简单到复杂的演化过程和复杂系统的演进机制，这将有助于进一步揭示企业创新网络的内在规律，为企业创新实践和政府制定及完善企业创新网络的相关政策提供参考。

第二节 基于复杂网络理论的企业创新网络模型的构建

一、集群创新网络的构成要素

复杂网络是由节点和节点之间连接构成，节点和节点连线是网络的两个构成要素。企业创新网络节点是指与企业以网络化合作关系联结的组织和机构，主要包括企业、大学与科研机构、政府、金融机构和中介机构等。

（1）企业。企业是创新网络中数量最多的一类节点，既是创新投入的主体，又是创新受益的主体。因此，企业是创新网络的核心节点，企业的经济实力和创新能力决定着创新网络的发育程度与发展前景。首先，企业掌握着创新所需要的大量人力、物力、财力资源，是整个技术创新活动的发起者；其次，创新网络又可以通过自身的运作机制为企业提供良好的创新环境，从联系渠道、交流手段、信息共享等多种途径为企业提供帮助。因此，企业又是网络创新活动的受益者。

（2）大学与科研机构。大学与科研机构是创新的重要来源，在企业创新网络中作为知识和技术的重要供给者，直接参与知识的生产、传播和应用。大学作为公共教育平台，不仅是创新理论的研究场所，同时也是创新人才的培育基地。而科研机构则是理论应用研究的专业机构，是创新人才的又一"存储器"。企业与大学、科研机构合作，不但可以获得大学与科研机构的科研成果，提升企业的技术创新能力，而且可以促进大学与科研机构科研成果的市场化。

（3）政府。政府不仅是创新活动的主要参与者，更是创新活动的推动者。政府通过制定产业政策和发展规划，为企业创新网络的发展营造一个适宜的法律、政策和文化环境。同时，政府通过基金项目等方式调动社会智力资源，组织实施重大科研项目，推进科研基础设施建设和创新服务体系建设。

（4）金融机构。金融机构是企业创新活动主要的资金来源，企业的创新活动离不开资金的支持，创新只有同资本相结合才能成功。因此，企业在金融市场的融资能力直接关系着创新活动的成败。

（5）中介机构。中介机构包括企业协会、技术市场、劳动力市场、各级信息中心、咨询机构、产学研协调办公室、创业服务中心等组织，其在企业创新网络的节点与节点间起桥梁作用。中介机构在各创新主体间起联络作用，促进各组织机构的信息共享，使其以低成本和低风险实现协同创新。不仅如此，中介机构还能够利用掌握的专业知识和技能，为创新活动各节点提供专业化的服务。

网络中的每一个节点均代表企业创新网络的某个主体，各主体存在资源、能力和目标及其所处的环境等方面的差异。为了应对快速变化的市场环境，降低研发成本与创新风险，在互惠互利的信任机制之下，各主体通过正式与非正式交互过程，与具有相同目标且存在互补资源的创新主体诸如上下游企业、大学与科研机构、中介、金融机构、政府等聚集而成创新网络。其中企业作为创新的直接需求者，在企业创新网络中居于核心地位，大学与科研机构是创新的主要提供者，政府更多地以宏观调控的方式介入创新网络，金融市场为企业创新活动提供资金支持，中介机构在企业创新网络中起桥梁和纽带作用。因此，可以认为企业创新网络由企业、大学与科研机构、政府、金融市场和中介组织这些"积木"组合而成。通过企业创新网络，使得上述网络成员之间产生了紧密的联系，突破了传统地理上的边界限制，既相互独立，又互相作用。其中，政府、金融机构与中介机构并不直接从事创新，主要在创新活动中起辅助作用。

根据企业创新网络的特点，可以将企业创新网络的节点及节点间的互动组成的网络分为下面两个层次：核心网络和支持辅助网络。第一类主体是网络中的企业、大学及科研机构；第二类主体是包括政府、金融机构和中介机构等在内的制度基础结构。辅助网络中的各节点对创新价值的实现起支撑、引导和服务作用，并不直接从事创新活动。所以，企业创新网络的层次首先应体现为网络内企业之间以及企业与大学及科研机构之间通过正式与非正式的联系而形成的一种互动网络。基于此，将企业和大学及科研机构两类主体作为创新网络的成员，研究企业创新网络的形成和演化。

二、企业创新网络的连接

网络内任意两个节点皆可能因相互联系而组成一个点对，该点对间的相互联系是连接，这种连接是企业创新网络最为重要的部分。这里将企业创新网络中的连接视为各节点为进行创新合作而形成的连接，创新合作主要表现为互补资源的流入与流出。随着资源互补性的变化，网络中的连接存在"断键重连"的现象，由此引起了网络结构的复杂变化并向着更适应环境的方向演化。

依据不同的连接主体、功能与方式，可将连接划分为多种类型。根据不同的连接主体，可将节点间的连接分为企业与企业间的连接、企业与大学及科研机构间的连接、企业与中介机构间的连接等；根据不同的连接功能，可将节点间的连接分为商业连接、金融连接与研发连接等；根据不同的连接方式，可将节点间的连接分为正式连接与非正式连接。根据连接的不同方式划分，节点间的连接可以分为基于契约的连接和基于非正式交流的连接。

三、集群创新网络的复杂适应性系统分析

集群创新网络如果是开放的复杂适应性系统，必须具有聚集、非线性、流、多样性、标识、内部模型、积木机制七个特征。

（1）聚集。复杂适应性系统中的集聚是指个体通过粘着形成多主体的聚集体。集群创新网络是企业为了应对快速变化的市场环境，降低研发成本与创新风险，增强自身的创新能力与竞争优势，与具有相同目标且存在互补资源的创新主体聚集而成的。聚集特性表现在如下方面：首先，集群创新网络中主体之间的关系建立在互惠互利的信任机制之下，有共同的目标，能达到资源共享，能力优势互补的协作效应[30]。其次，集群创新网络是一个开放性的网络，网络主体在寻找互补性资源的过程中形成合作创新关系，共享知识溢出带来的创新效率的提升。但当网络主体的资源日益同质化，互补效应不再明显甚至不存在时，部分主体会自动脱离网络。同时，集群创新网络由于其中的创新主体、创新活动和创新效果等差异导致系统具有很强的层次性，形成一个由上到下、由点到面的多层次、多结构、多功能的空间网络体系。最后，集群创新网络中的聚集是主体在没有外界干扰情况下，根据自身需要形成的自组织的动态过程。随着网络的扩大，聚集主体以组织占主导地位，这种集体学习机制会带来新的组织涌现，扩大产业集群规模，进而对整个地区的经济增长产生影响。

（2）非线性。集群创新网络由多个创新主体组成，各主体间并不完全是简单的因果关系或线性关系，而是以一种或多种方式形成的复杂的非线性作用。首先，集群创新网络中异质性主体拥有自己的专门知识和特殊技术模块，在创造、理解、传播和吸收知识的能力上存在着较大的差异。因

此，在合作创新结网的过程中，会呈现出复杂的、动态的非线性相互作用。其次，集群创新网络中的各个主体在交互的过程中，不仅受当前环境的影响，还受历史经验与主体之间长久建立关系的影响。因此，集群创新网络主体之间建立的网络关系也是多元化的。最后，集群创新网络存在大量随机的、模糊的不确定因素，使得网络中创新发展和变化过程具有时间上的不对称与不可逆，描述它们状态的方程不存在精确解，长期的发展状态具有不可预见性，这种不确定性与不可预见性导致了集群创新网络的非线性。

（3）流。复杂适应系统主体之间或者主体与外界环境之间存在着物质、能量与信息的流动。集群创新网络除了上述流以外，与外界间还有人力、技术资源、资金等的交换与流动，形成了人员流动、技术产品流动、资金流动等。根据复杂适应性系统主体的流的特点，流的渠道是否通畅及周转的速度如何，都直接影响系统的演化过程。集群创新网络中的各种资源流动对创新行为与创新绩效影响较大。企业创新网络中各主体之间共同参与创新的开发与扩散，通过交互作用实现资源的共享和知识的溢出以及创新的累积，从而达到技术创新的"交叉激发效应"，使网络形成的整体创新能力大于个体创新能力之和[31]。

（4）多样性。复杂适应性系统的多样性实质上是复杂适应性系统复杂性的具体体现。集群创新网络的多样性主要表现在以下方面：第一，创新主体的多样性。企业创新网络的各主体由于具有不同的资源、能力和目标及其所处的环境的差异，呈现出多样性的特点。这种多样性是在创新网络的主体之间通过相互作用和对环境的适应中发展产生的，本质上是一种专业分工过程。第二，创新主体交互方式的多样性。企业创新网络主体间的交互方式有正式与非正式两种，正式的交互往往建立在某种契约的前提下，如合作研发、供应商网络等。非正式的交互往往建立在信任机制的基础上，一般不具有商业性质，如企业内部的技术讨论、企业之间的知识扩散等。第三，创新网络结构的多样性。企业创新网络中的连接有企业与企业之间，企业与大学及科研机构之间，企业与金融市场之间，企业与中介机构之间的连接等各种形式。第四，创新环境的多样性。集群创新网络所处的政治社会环境、经济发展环境、地理环境等是确定性与不确定性的组合，这种环境的多样性一方面为创新提供了发展所需要的空间、资源及其他条件，另一方面又对创新施加了压力，影响了网络创新的可持续性。

（5）标识。集群创新网络中主体的标识多种多样。对于个体来说，主体所具有的资源、需求、目标、名誉、文化知识层次与领域及专业化程度等都可以成为有利于选择的标识。对于组织来说，组织的资源规模与需求，专业技术优势，地理环境等都可以成为交互作用的标识。

（6）内部模型。集群创新网络主体为适应外部环境而改变自身的算法、规则及程序，即当网络主体面对外界的变动和其他主体的行为时，根据既有的知识与以往的经验，从自身的能力、资源、组织的运作状况、市场环境及国家政策等多角度进行综合分析和评价，并对现有的资源进行重新分配，对生产或者创新活动中的某些细节进行重新规划。

（7）积木机制。集群创新网络由网络内企业、大学与科研机构、政府、金融市场和中介组织这些"积木"组合而成，"积木"间既相对独立，又相互作用。企业作为创新的直接需求者，在集群创新网络中居于核心地位。大学与科研机构是创新的主要提供者，政府更多地以宏观调控方式介入创新网络，金融市场为企业创新活动提供资金支持，中介机构在企业创新网络中起着桥梁和纽带作用[34]。这种"积木"方式是物理学"积木"。此外，经过检验表明对创新活动有效的程序及规则都可以是"积木"。例如，如果某主体创新能力不足就寻求其他主体合作能产生较大的效益，那么这一规则就会成为一种"积木"，并根据创新主体和特征，与其他的"规则积木"相结合，组成新的规则。

综上，企业创新网络具有结构复杂、关系复杂、行为复杂和所处环境复杂等特征，是一个具有自组织能力、开放的、动态演化的适应性系统。

第三节 基于复杂网络理论的企业创新网络形成与演化过程分析

一、复杂网络的基本理论

(一) 复杂网络的概念

目前学术界对于复杂网络还没有统一和清晰的定义。目前普遍认可的定义是"如果节点按照纯粹的随机方式连线,所得到的网络称为随机(random)网络;如果是按照某种(自)组织原则方式连线,将演化成为各种不同的网络,称为复杂(complex)网络"。复杂网络简而言之即呈现高度复杂性的网络,是由一些元素(节点)的集合和元素(节点)之间关系的集合所组成。构成复杂网络的元素本身往往很简单,但是元素之间的交互作用机制往往体现出极高的复杂性,包括网络结构的复杂性、网络演化机制的复杂性、连接的复杂性、动力学的复杂性、节点性质的复杂性以及上述复杂性的融合。

一个具体网络可抽象为一个由点集 V 和边集 E 组成的图 $G=(V, E)$。节点数记为 $N=|V|$,边数记为 $M=|E|$。E 中每条边都有 V 中一对点与之相对应。如果任意点对 (i, j) 与 (j, i) 对应同一条边,则该网络称为无向网络(undirected network),否则称为有向网络(directed network)。本章的网络均为无向网络,如果给每条边都赋予相应的权值,那么该网络就称为加权网络(weighted network),否则称为无权网络(outweighed network),当然无权网络也可以看作每条边的权值都为 1 的等权网络。此外,一个网络中还可能包括多种不同类型的节点。例如,在企业创新网络中,可以用权表示网络成员合作时间的长短或者次数,而不同类型的节点可以代表企业、大学及科研机构、政府、金融机构和中介机构等。网络也可以

通过邻接矩阵（adjacency matrices）表示出来，邻接矩阵的元素 $a_{ij}=1$ 表示节点 i 和 j 之间存在边，$a_{ij}=0$ 表示不存在连接。邻接矩阵是一个 n×n 阶矩阵，其中 n 为网络的节点数。

（二）复杂网络的统计性质

复杂网络不同的统计性质决定了不同的网络内部结构，而结构又决定了系统的功能。复杂网络中网络属性的度量指标主要包括平均路径长度、聚类系数、度与度分布等指标。

（1）平均路径长度。网络中两个节点 i 和 j 之间的距离 d_{ij} 定义为连接这两个节点最短路径上的边数。网络中任意两个节点之间距离的最大值称为网络的直径（diameter），记为 D。

$$D = \max_{i,j} d_{ij} \tag{3-1}$$

网络的平均路径长度 L 定义为任意两个节点之间的平均距离。

$$L = \frac{1}{\frac{1}{2}N(N+1)} \sum_{i \geq j} d_{ij} \tag{3-2}$$

其中，N 为网络节点数。网络内的平均路径长度也称为网络的特征路径长度（characteristic path length）。为了便于处理，在式（3-2）中包含了节点到自身的距离（当然该距离为零）。网络的平均路径长度表明网络中节点间的分离程度，反映了网络的全局特性，不同的网络结构可赋予 L 不同的含义。如在疾病传播模型中 L 可定义为疾病传播时间，交通网络模型中 L 为站点之间的距离，科学家合作网络中 L 为交流频率。企业创新网络的平均路径长度反映了网络中各节点间连接的平均距离，影响着整个网络创新资源的传递效率。

（2）聚类系数。在你的朋友关系网络中，你的两个朋友很可能彼此也是朋友，这种属性称为网络的聚类特性。一般地，假设网络中的一个节点 i 有 k_i 条边将它和其他节点相连，这 k_i 个节点就称为节点 i 的邻居。显然，在这 k_i 个节点之间最多可能有 $k_i(k_i-1)/2$ 条边。而这 k_i 个节点之间实际存在的边数 E_i 和总的可能的边数 $k_i(k_i-1)/2$ 之比就定义为节点 i 的聚类

系数:

$$C_i = 2E_i / (k_i(k+1)) \quad (3-3)$$

从几何特点看,式(3-3)的一个等价定义为:

$$C_i = \frac{与点 i 相连的三角形的数量}{与点 i 相连的三元组的数量} \quad (3-4)$$

其中,与节点 i 相连的三元组是指包括节点 i 的三个节点,并且至少存在从节点 i 到其他两个节点的两条边(见图3-1)。

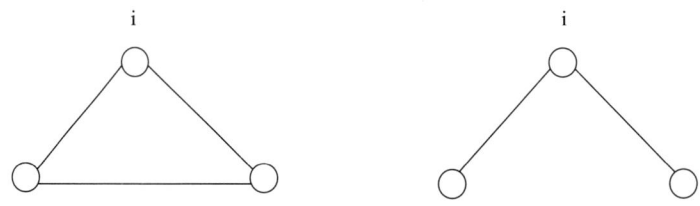

图3-1 以节点 i 为顶点之一的三元组的两种可能形式

整个网络的聚类系数 C 就是所有节点 i 的聚类系数 C_i 的平均值,即:

$$C = \sum_{i=1}^{N} C_i / N \quad (3-5)$$

很明显,$0 \leq C \leq 1$。C=0 当且仅当所有的节点均为孤立节点,即没有任何连接边;C=1 当且仅当网络是全局耦合的,即网络中任意两个节点都直接相连。对于一个含有 N 个节点的完全随机的网络,当 N 很大时,$C = O(N^{-1})$。而许多大规模的实际网络都具有明显的聚类效应,它们的聚类系数尽管远小于 1 但却比 $O(N^{-1})$ 要大得多。事实上,在很多类型的网络(如社会关系网络)中,你朋友的朋友同时也是你的朋友的概率会随着网络规模的增加而趋向于某个非零常数,即当 N→∞ 时,C=O(1)。这意味着这些实际的复杂网络并不是完全随机的,而是在某个程度上具有类似于社会关系网络中"物以类聚,人以群分"的特性。网络的聚集系数表明网络中节点的聚集情况即网络的聚集性,也就是说,同一个节点的两个相邻节点仍然是相邻节点的概率有多大,反映了网络的局部特性。

(3) 度与度分布。节点 i 的度 k_i 定义为与该节点连接的其他节点的数目。有向网络中一个节点的度分为出度(out-degree)和入度(in-degree)。节点的出度是指从该节点指向其他节点的边的数目,节点的入度是指从其他节点指向该节点的边的数目。直观上看,一个节点的度越大就意味着该节点在某种意义上越"重要"。网络中所有节点 i 的度 k_i 的平均值称为网络的(节点)平均度 $\langle k \rangle$,网络中节点的度的分布情况可用分布函数 p(k) 来描述,p(k) 表示的是一个随机选定的节点的度恰好为 k 的概率,即不同度数的节点个数占节点总数的比例。在目前的网络研究中,两种度分布较为常见:一种是指数度分布 $p(k) \propto e^{-k}$,即 p(k) 随着 k 的增大以指数形式衰减;另一种是幂律分布,即 $p(k) \propto k^{-r}$,其中 r 称为度指数,不同 r 的网络其动力学性质也不同。规则的格子有着简单的度序列,因为所有的节点具有相同的度,所以其度分布为 Delta 分布,它是单个尖峰,网络中的任何随机化倾向都将使这个尖峰的形状变宽。完全随机网络的度分布近似为 Poisson 分布,其形状在远离峰值 $\langle k \rangle$ 处呈指数下降。这意味着当 $k \gg \langle k \rangle$ 时,度为 k 的节点实际上是不存在的,这类网络也称为均匀网络(homogeneous network),顶点度服从幂律分布的网络有时也称为无标度网络。在一个度分布为具有适当幂指数(通常 $2 \leq r \leq 3$)的幂律形式的大规模无标度网络中,绝大部分节点的度相对很低,但存在少量的度相对很高的节点。因此这类网络也称为非均匀网络(inhomogeneous network),而那些度相对很高的节点称为网络的"集线器"(hub)。

二、经典的复杂网络模型

(一) 规则网络

在一个全局耦合网络中,任意两个节点之间都有边直接相连。因此,在具有相同节点数的所有网络中,全局耦合网络具有最小的平均路径长度 L=1 和最大的集聚系数 C=1。虽然全局耦合网络模型反映了许多实际网络具有的聚类和小世界性质,但该模型作为实际网络模型的局限性也是很明显的，一个有 N 个节点的全局耦合网络有 N(N+1)/2 条边，然而大多数大型实际的网络都是很稀疏的，它们边的数目一般至多是 $O(N)$，而不是 $O(N^2)$。

一个得到大量研究的稀疏的规则网络模型是最近邻耦合网络，其中每个节点只和它周围的 K 个邻居节点相连。对于较大的 K 值，最近邻耦合网络的聚类系数 $C=3/4$，因此这样的网络是高度聚类的。然而最近邻耦合网络不是一个小世界网络，相反，对固定的 K 值，该网络的平均路径长度为 $L\to\infty$ ($N\to\infty$)，这可以从一个侧面帮助解释为什么在这样一个局部耦合的网络中很难实现需要全局协调的动态过程，即某一影响无法快速地扩散。可以说，规则网络的特征是平均集聚程度高而平均最短距离长。

（二）随机图

与完全规则网络相反的是完全随机网络，其中一个典型的模型是 Erdös 和 Rényi 于 40 多年前开始研究的 ER 随机图模型。假设有大量的纽扣（$N\geq 1$）散落在地上，并以相同的概率 p 给每对纽扣系上一根线。这样就会得到一个有 N 个点，约 $pN(N+1)/2$ 条边的 ER 随机图的实例。

ER 随机图的平均度是 $\langle k\rangle=p(N-1)\approx pN$。设 L_{ER} 是 ER 随机图的平均路径长度。直观上，对于 ER 随机图中随机选取的一个节点，网络中大约有 $\langle k\rangle^{L_{ER}}$ 个其他的节点与该节点之间的距离等于或非常接近于 L_{ER}。因此，$N\propto\langle k\rangle^{L_{ER}}$，即 $L_{ER}\propto \ln N/\ln\langle k\rangle$，这种平均路径长度为网络规模的对数增长函数的特性就是典型的小世界特性。因为 $\ln N$ 的值随 N 增长得很慢，这就使得即使是规模很大的网络也可以具有很小的平均路径长度。ER 随机图作为实际复杂网络的模型存在明显的缺陷：ER 随机图中两个节点之间不论是否具有共同的邻居节点，其连接概率都是 p。因此，ER 随机图的聚类系数是 $C=p=\langle k\rangle/N\ll 1$，这意味着大规模的稀疏 ER 随机图没有聚类特性。随机网络的特征是平均集聚程度低而平均路径长度小，而现实的复杂网络一般具有明显的聚类特性。可见，实际的复杂网络的集聚系数要比相同规模的 ER 随机图的集聚系数高得多。

尽管 ER 随机图作为实际复杂网络的模型存在明显的缺陷，在 20 世纪的后 40 年中，ER 随机图理论一直是研究复杂网络拓扑的基本理论，其中一些基本思想在目前的复杂网络理论研究中仍然很重要。

（三）小世界网络

规则的最近邻耦合网络具有高聚类特性，但并不是小世界网络。此外，ER 随机图虽然具有小的平均路径长度但却没有高聚类特性。因此，这两类网络模型都不能再现真实网络的一些重要特征，毕竟大部分实际网络既不是完全规则的，也不是完全随机的。因此，提出了一种介于两者之间的新模型——小世界模型。Watts 和 Strogatz（1998）[32]发现只需要在规则网络上稍作随机改动就可以同时具备以上两个性质。改动的方法是，对于规则网络每一个顶点的所有边，以概率 p 断开一个端点，并重新连接，连接新的端点从网络中的其他顶点里随机选择，如果所选的顶点已经与此顶点相连，则再随机选择别的顶点来重连，当 p=0 时就是规则网络，p=1 则为随机网络。对于 0<p<1 的情况，存在一个很大的 p 的区域，同时拥有小世界网络较大的集聚系数和较小的平均路径长度距离，这就是通常所说的 WS 小世界模型（见图 3-2）。由上述算法得到的网络模型的聚类系数 C(p) 和平均路径长度 L(p) 的特性，都可以看作重连概率 p 的函数。图 3-3 显示了网络的聚类系数和平均路径长度随重连概率 p 的变化。

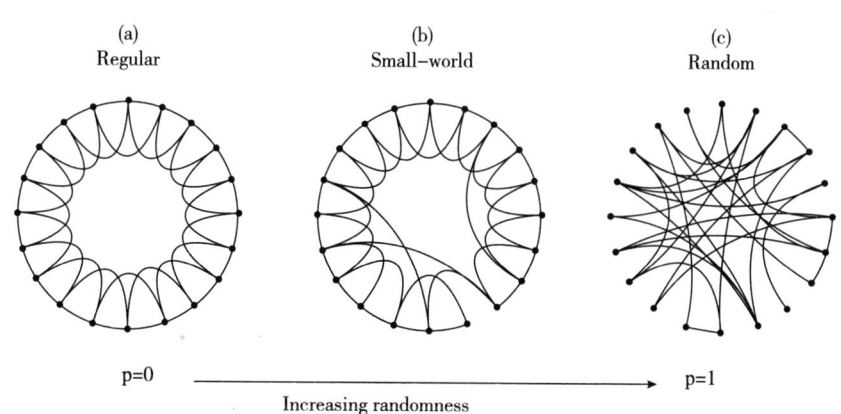

图 3-2　WS 小世界网络模型

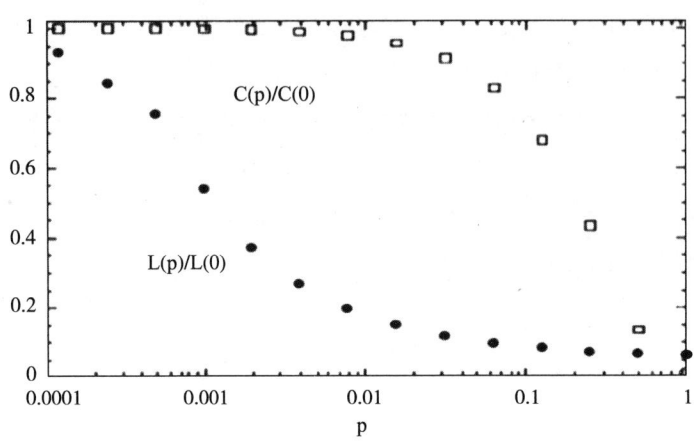

图 3-3 WS 小世界模型的聚类系数和平均路径长度随重连概率 p 的变化关系

WS 小世界模型构造算法的随机化过程可能破坏网络的连通性。另一个研究较多的小世界模型是由 Newman 和 Watts（2004）[33]稍后提出的称为 NW 小世界模型，该模型是通过用"随机化加边"取代 WS 小世界模型构造中的"随机化重连"而得到的。NW 小世界网络模型的构造算法为：①从规则图开始：考虑一个含有 N 个点的最近邻耦合网络，它们围成一个环，其中每个节点都与它左右相邻的各 k/2 个节点相连，k 是偶数。②随机化加边：以概率 p 为在随机选取的一对节点之间加上一条边。其中规定：任意两个不同的节点间至多只能有一条边，并且每一个节点都不能有边和自身连接。在 NW 小世界模型中，对应于原来的最近邻耦合网络，p=1 则对应于全局耦合网络。在理论分析上，NW 小世界网络模型比 WS 小世界模型简单些，当 p 足够小和 N 足够大时，NW 小世界模型本质上等同于 WS 小世界模型。小世界网络模型反映了朋友关系网络的一种特性，即大部分人的朋友都是和他们住在同一条街上的邻居或在同一工作单位工作的同事。也有些人是住得较远的，甚至是远在异国他乡的朋友，这种情形对应于 WS 小世界模型中通过重新连线或在 NW 小世界模型中通过加入连线产生的远程连接。实证研究发现，大量的实际网络存在这种小世界现象。

（四）无标度网络

无标度网络指的是网络的度分布符合幂律分布，由于其缺乏一个描述问题的特征尺度而被称为无标度网络，大量的实际网络可以被认为是无标度网络。目前对于无向无标度网络，普遍认为偏好依附（Preferential Attachment）是一个能很好地形成无标度网络的机制。

（1）BA 无标度网络。无标度网络概念是 20 世纪与 21 世纪之交由 Barabási、Albert（1999）[34] 提出来的，现在文献上通常将无标度网络基本模型称为 BA 模型。BA 模型的算法为：

1）增长。从一个具有 m_0 个节点的网络开始，每次引入一个新的节点，并且连到 m 个已存在的节点上，这里 $m \leq m_0$。

2）优先连接。一个新节点与一个已经存在的节点 i 相连接的概率 π_i 与节点 i 的度 k_i、节点 j 的度 k_j 之间满足如下关系：

$$\Pi_i = \frac{k_i}{\sum_j k_j} \tag{3-6}$$

在这个 BA 模型中 Barabási 和 Albert（2000）[35] 提出了真实网络的无标度性质基于以下两个机理：增长（growth），即网络的规模是不断扩大的；优先连接（preferential attachment），即新的节点更倾向于与那些具有较高连接度的"大"节点相连，这也被称为"马太效应"。

BA 无标度网络的平均路径长度为：

$$L = \propto \frac{\log N}{\log \log N} \tag{3-7}$$

BA 无标度网络的聚类系数为：

$$C = \frac{m^2(m+1)^2}{4(m-1)} \left[\ln\left(\frac{m+1}{m}\right) - \frac{1}{m+1} \right] \frac{[\ln(t)]^2}{t} \tag{3-8}$$

BA 无标度网络的度分布为：

$$p(k) = \frac{2m(m+1)}{k(k+1)(k+2)} \propto 2m^2 k^{-3} \tag{3-9}$$

这表明 BA 网络的度分布函数可由幂指数 3 的幂律函数近似描述。

(2) AB 模型。AB 模型是 Albert 和 Barabási（2000）对 BA 模型的拓展，将其应用于 Internet 的拓扑建模。通过增加节点、边及边的重新配置，网络得以增长和扩展。AB 模型的构建过程如下（见文献）：

初始有 m_0 个孤立节点，每一步执行下面三个步骤中的一个。

步骤一，以概率 p 增加 $m(m \leqslant m_0)$ 条新的内部连接，即已存在的节点间添加新的边：随机选取一个节点作为新的边的初始点，边的另一端由以下概率决定：

$$\Pi_{ab}(k_i) = \frac{k_i + 1}{\sum_j (k_j + 1)} \quad (3-10)$$

重复步骤一 m 次。

步骤二，以概率 q 重新配置 m 条边。随机选取节点 i 和连接到 i 的一个边 l_{ij}，然后移走此边，以连接节点 i 和节点 j′ 的新边 $l_{ij'}$ 取代。每次根据式（3-10）所示的概率选取 j′ 来配置一条边，并重复此过程 m 次。

步骤三，以概率 1-p-q 增加一个新节点。根据式（3-10）所示的概率分别与网络中已存在的 m 个节点相连接。

其中，0≤p<1，0≤q<1，式（3-10）中，k_i，k_j 为节点 i，j 的连接度，式中采用 (k_i+1)，保证了孤立节点建立新连接的概率非零。

第四节　集群创新网络模型的构建及分析

通过构建多节点类型、多要素流动的集群创新网络演化模型，进而对集群创新网络演化模型进行描述和仿真模拟，分析其结构特征，为研究创新网络的形成、演化与发展提供计量依据。在此过程中，将综合考虑企业创新网络的增长、择优连接、删除和重新连接等机制。

一、企业创新网络"节点"和"边"的选择

本书构建的企业创新复杂网络模型是一个无向的企业网络。其中，网络中的每一个节点均代表企业创新网络的某个成员。企业创新网络中的连接包括：网络中企业间的连接，企业与大学及科研机构的连接，大学及科研机构之间的连接。网络中存在三种连接类型。

（一）企业与企业的连接关系

企业之间的连接一方面可提高本企业资源的使用效率，另一方面又可节约企业在可获得资源方面的新投入，从而降低企业的进入与退出壁垒，提高企业的战略灵活性。一般表现为两种形式：垂直联系和水平联系。垂直联系是指上下游企业之间基于产业关联的产业链上的互动关系，表现为上下游企业之间的物质投入产出联结和包含上下游企业之间的价格博弈；水平联系是指知识、信息在水平方向上的传递和扩散，表现为同行业企业之间的以及企业与横向关联企业之间的竞争与合作关系。同行业企业之间更多的是一种竞争关系，主要表现为企业之间在共同的原材料、劳动力以及产品市场上的竞争。适度的竞争会激励企业的发展和竞争力的提高，从而增强产业创新网络整体的竞争力，但是如果企业之间的竞争演变为过度竞争就会给创新网络带来毁灭性的打击。这里分两种形式：一种是企业与有互补关系的厂商合作，在合作中共同提高各自的市场竞争力，如被誉为"世纪联盟"的微软与英特尔之间的合作；另一种是企业与竞争对手合作，如微软公司与苹果公司于1997年出人意料地停止竞争，走向合作。

（二）企业与大学及科研机构的连接关系

这种连接主要表现为大学及科研机构不断地为企业提供新的知识和技术以及对企业中的人员进行教育和培训。研究机构为企业提供知识和技术的途径之一是为企业输送经过培训的专业技术人员，之二是这类机构中的专业技术人员流向企业，之三是这类机构和企业进行合作研发。

（三）大学及科研机构之间的连接关系

我国的大学和科研机构主要从属于不同的部门，科研机构的研究方向

也各有不同，它们之间主要通过课题和国家项目联系起来。

二、企业创新网络形成与演化的假设

在企业创新网络的形成和演化过程中，网络成员选择的目标是能使合作以最佳的性能（时间、成本、质量、可靠性）完成。具体的机制如下：

企业与其他实体之间具有资源互补性。任何个体之间都存在着互为相对优势的资源。由此，这里假设每个个体只拥有其中的某一项优势资源，每种优势对应于一种类型，当不同类型的个体相遇时它们才可能产生合作。一般来说，在创新网络中技术优势型个体占据着重要的比重，创新合作构成了网络的主要合作。因此，必须考虑不同技术类型的个体合作的可能性，在此忽略技术的不同类型，认为同属技术类型的个体间也可能产生合作。某些互补性资源是具有传递性的，即个体之间能够通过相互的学习而优势互补，但是一旦个体全部掌握了其他优势资源，也就不存在继续合作的必要，所以这里考虑的某个企业所具有的资源相对优势在企业的生命周期内不会改变。

企业创新网络的形成有赖于新成员的不断加入，并与网络内已有成员发生联系。一个重要的调查在各类研究中表明：R&D强度或产业技术复杂性的层次与联盟的强度和数量呈正相关关系。说明在企业创新网络中，必须有新成员的加入；网络内部现有个体之间由于优势互补的需要也会发生大量的合作，这种合作对网络结构会造成重大的影响。当然，网络中也会有成员因失败而退出，但加入的成员数量会大于退出的成员数量。

当网络内部或者网络的新成员选择合作伙伴时，会优先选择在网络中影响力较大或者实力雄厚的成员进行合作。网络中个体的连接度代表着个体的知名度或声誉度，连接度越大，表示该个体的声誉度越好、实力越雄厚，因此网络内部或网络新成员首先会选择度比较大的节点进行合作。集群创新网络中越是有影响力的规模大、信誉好的企业，参与到创新网络的机会越多。本书假定在满足资源互补的前提下，任意一个个体与网络内其他个体发生联系的概率与各个个体的连接度成正比，择优连接的概率见式

(3-10)。

在企业创新网络中,不同的个体由于彼此的需要而形成了一定的合作创新关系,但是这种关系并不是永久的,任何合作(尤其是正式合作关系)都是有期限的,不同的期限对网络的影响不同,短期合作会导致网络中大量合作关系随时间的演化而解除,直接制约了网络的生长。企业创新网络并不是组织之间的一次性交易关系,而是一个充满活力的长期稳定的合作体。因此,企业参与网络的目标不应在于获取一时的短期利益,而是希望通过持续的合作增强自身的竞争能力,以实现长远收益。

三、集群创新网络演化模型的算法描述

根据上述企业创新网络的演化假设,进行了编程以及仿真,根据仿真模拟的结构对所形成的网络进行拓扑性能评价,在此 AB 模型的基础上进一步修改网络演化规则,最终形成了本书的集群创新网络演化模型的算法。

在初始状态,网络中存在少量不同类型的孤立节点(m_0),每个节点具有一个随机分配的资源类型值 $V_i \in \{1, 2, 3\}$,分别表示资金型、技术型和市场型的不同个体,每条边的权值代表合作期限,权值 $W_{ij} \in \{0, 2T\}$,T 为仿真的时间步数,2T 的设置确保在仿真过程中只有少量连接关系被解除。在每个时间步,发生下列事件:

(1)网络内每条连接边的期限值递减 1,对连接边进行期限检查,如果 $W_{ij}<0$ 则认为连接关系终止,并且置 $W_{ij}=0$。

(2)加边。以概率 p 增加 $m(m \leqslant m_0)$ 条新的内部连接,即在已存在的节点间添加新的边,随机选取一个节点 i 作为新的边的起始点,再以择优概率式(3-10)选择另一个节点作为合作伙伴,其中候选节点的资源类型必需和节点 i 不同。重复此过程 m 次,不允许重复连接,每条边的权值 W_{ij} 随机产生。

(3)重连。以概率 q 重新配置 m 条边。随机选择节点 i 和连接到 i 的一条边 l_{ij},然后移走此边,以连接节点 i 和节点 j′ 的新边 $l_{ij'}$ 取代。每次根

据式（3-10）所示的概率选取 j' 来配置一条边，j' 的资源类型必需和节点 i 不同。重复此过程 m 次，不允许重复连接，每条边的权值 W_{ij} 随机产生。

（4）以概率 1-p-q 增加一个新节点 $V_i \in \{1, 2, 3\}$，新节点与网络中的现有节点产生 m_1 条连接边，连接必须满足机制（1）和机制（3），重复此过程 m 次，不允许重复连接，每条边的权值 W_{ij} 随机产生。

（5）以 $\mu = 0.01$ 的概率选择"孤立"节点进行淘汰。

执行上述步骤 T 次，得到一个由 $N = m_0 + T$ 个节点组成的企业创新演化网络。

四、集群创新网络的仿真及结果分析

本章根据连接度分布、集聚系数、平均最短路径长度描述集群创新网络的复杂网络结构特征。为了便于分析比较，列出来自不同领域的实际网络拓扑特征的实证研究结果（见表 3-1）。

表 3-1 各种实际网络的基本统计数据

网络	节点总数 N	节点度分布 ⟨k⟩	平均路径长度 L	聚类系数 C	幂指数 r
电影演员网	449913	113	3.48	0.78	2.3
自治层 Internet	10697	5.98	3.31	0.39	2.5
电力网	4941	2.67	19	0.08	—
电子电路	24097	4.34	11.1	0.03	3
代谢网络	765	9.64	2.56	0.67	2.2

我们对上述模型应用 MATLAB 语言编程并进行数值仿真。令 $m_0 = 20$，m = 3，p = 0.1，q = 0.1，T = 10000。

（一）集群创新网络的连接度分布特征

演化网络的度分布仿真结果如图 3-4 所示。网络中节点的度的分布情况可用分布函数 p(k) 来描述，p(k) 表示一个随机选定的节点的度恰好为 k 的概率。从图 3-4 可以看出，网络模型的度分布近似满足幂律分布。

在企业创新网络中,绝大多数节点企业的度数相对较低,仅存在少数度数相对较高的节点,其中核心节点仅有几个。网络中大量顶点度较低的节点围绕着极少数顶点度较高的节点而发展,顶点度较高的成员影响着网络内其他顶点度较低的成员。顶点度较高的成员作为企业创新网络的核心具有强大的资源获取能力和技术创新能力。

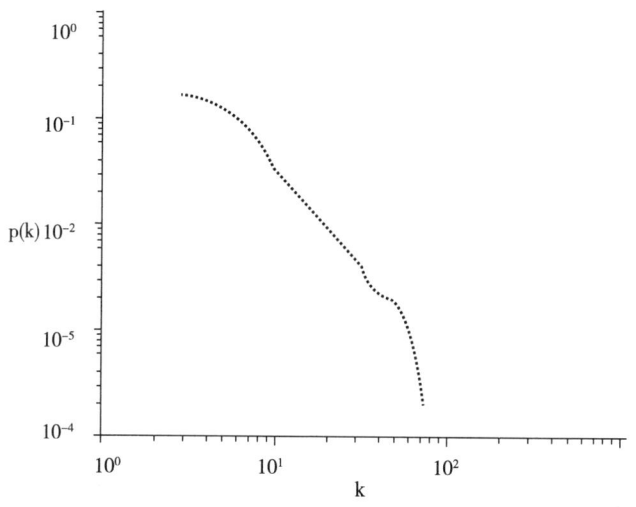

图3-4 集群创新网络的度分布

(二)集群创新网络的集聚系数

按照前文的参数对网络进行数值仿真,并运用MATLAB软件在演化时间步数 $T=10000$ 时计算相应的集聚系数 $C=0.33$,通过与表3-1中的数据比较,可以看出集群创新网络的聚集系数较大,网络密度大说明网络成员之间拥有许多面对面交流的机会,各类信息特别是隐性知识可以在网络成员之间得到较为广泛的传播,这对成员的技术学习以及创新起到一定的促进作用,降低了网络成员创新风险,从而使得网络成员的自主创新能力得以提高。

(三)集群创新网络的平均路径长度

按照前述参数对网络进行数值仿真,并运用MATLAB软件在演化时间步数 T=10000 时计算相应的平均路径长度 L=2.97，与表 3-1 中的数据比较中可以看出，集群创新网络的平均路径长度较短，集群创新网络中的每一个节点都是资源获取的窗口，当网络成员从外部获取资源后，并不是原封不动地将其传递给其他网络成员，而要根据自身的能力状况对获取的资源进行一次加工，并将加工后的资源向网络中多方向传递，从而引发资源传递的链式反应，产生"一生多，多生更多"的资源"大爆炸"和增值效应，这种资源增量是根据创新网络的路径决定的。集群创新网络的平均最短路径长度越小，说明网络中"非冗余"连接越多，网络中资源的传递时间越短，失真和损失越少，中心节点间的交流与学习能力越强，并最终影响整个集群创新网络的自主创新能力。

综上，企业创新网络是具有较小的平均路径长度、较大的集聚系数，以及度的分布满足幂律分布的网络，满足复杂网络的小世界特性和无标度特性。

第五节 案例研究

企业创新网络的演化是企业创新网络节点由少到多的发展，节点之间联系也有一个由简到繁的阶段性过程。一般的企业创新网络演化包含了规模、结构和功能三重演化的过程。对这一过程的理论探讨，更有利于把握企业创新网络的演化规律。本书通过对太原不锈钢产业典型的案例发展历程的研究，比较不同时期的网络规模和结构，分析企业创新网络发展演化的规律。

一、案例研究设计

本研究属于对复杂宏观现象的探索性研究，宜采用案例研究法。设计思想与目标就是通过对一个典型的、综合性的案例较为长期的跟踪调查，比较全面地揭示和提炼出关于集群创新网络形成、发展及其演变的规律。

按照案例研究的规范性，本案例研究的实施路线主要包括：第一，确定研究对象。根据研究主题和研究问题的性质，将集群创新网络作为研究对象，确定研究数据搜集的边界。第二，样本选取。基于选择的样本应该与研究主题高度相关性的原则，选择比较成熟的太原不锈钢集群创新网络作为案例样本。第三，数据采集。根据本案例样本的性质与特点，使用数据库检索，从合作发表文献的维度来刻画该集群创新网络的结构特征以及节点间的连接强度。第四，数据分析与结论提炼。依据采集的数据和信息，着重对太原不锈钢集群创新网络演化过程中的主要特征值进行深入具体的分析，进而推导相应结论及启示。

太原不锈钢企业创新网络的发展过程经历了形成期、发展期和21世纪初至今的快速发展期。由于形成期主体之间的连接很不紧密以及数据缺失，所以没有必要把此阶段单列出来进行分析。根据太原不锈钢企业网络发展历程，分1979~1999年与2000~2011年两个阶段对太原不锈钢企业创新网络的结构进行分析。

Cantner 和 Graf（2006）[36]总结了企业创新网络形成的多种形式，其中之一就是合作专利和合作论文形式，使用成员间合作的学术论文与科技成果网络代表企业创新网络。通过对各主体间合作发表论文以及科技成果频次的分析，说明创新主体之间的合作关系，若某论文或成果由两个单位一同完成，则认为此两单位间存在一次合作，合作的频次记为1；若某论文或成果由多个单位共同完成，则认为其两两间均存在合作，合作频次均记为1。

二、太原不锈钢企业创新网络形成和演化过程研究

（一）太原不锈钢的发展背景

近年来，我国不锈钢产量和消费量都在快速增长，但企业的经济效益却呈现下降态势。我国不锈钢行业采取"以量取胜"的方法，"高成本"严重侵蚀了企业利润，"低利润率"在行业内逐渐显现，企业盈利空间缩

小，产品销售利润率开始从波峰回落。太原不锈钢企业也不可避免地陷入上述困境（见图3-5）。为了更好地生存与发展，企业必须进行大量的技术创新。由于创新的复杂性，以及每个企业自身资源的有限性使得合作创新成为必然，不锈钢集群创新网络也就是在企业追求自身的发展上而逐渐形成的。

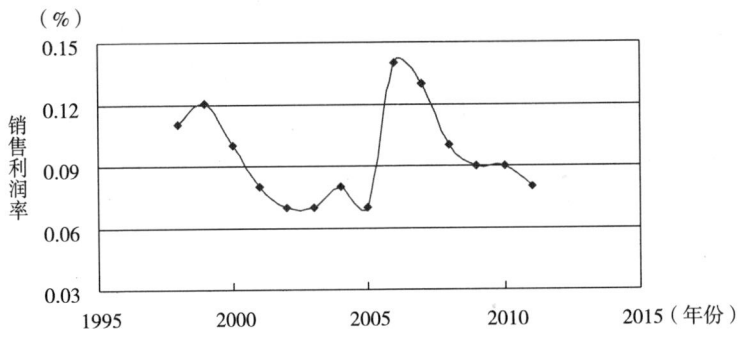

图3-5　山西太钢不锈钢股份有限公司1998~2015年销售利润率趋势

（二）太原不锈钢企业创新网络演化历程

以不锈钢生产为主的冶金行业是太原市工业生产的一大支柱，经过多年发展，不锈钢的生产经营更是国内领先，具有一定的实力。太原钢铁（集团）有限公司（简称太钢）是中国特大型钢铁联合企业和最大的不锈钢生产企业，在太原的不锈钢行业中处于核心地位，其发展史可以看作太原不锈钢行业发展的缩影。

中华人民共和国成立后，太原市不锈钢发展最大的特点是太钢孤立发展。从中华人民共和国成立后到1952年上半年，太钢只能生产十一二种普通钢，特殊钢由于设备等原因的局限并未涉及。1952年9月，太钢成功冶炼出第一炉不锈钢，其在全市不锈钢产业中占据着绝对控制地位。为解决特殊钢的国家需要，在国家和苏联专家的大力支持下，1953年太钢被国家定位为特殊钢生产企业；改革开放（1978~1999年）：这一时期，太原不锈钢企业创新网络进入了它的发展期。1972年建成板材生产线，由于生产工艺落后，想要生产出不锈钢带、板材步履艰难。太钢自行设计和建造了氩氧炉和不锈钢立式板坯连铸机，完善了从电炉、氩氧炉到连铸机的新不锈钢生产线，宣告了太钢不锈钢生产进入一个新阶段。1994年，太钢被国务院确定为全国百户建立现代企业制度试点企业。按照试点方案，太钢逐步建立起较为完善的法人治理结构，1998年对不锈钢生产线优良资产实施重组，兼并临钢，设立了山西太钢不锈钢股份有限公司，"太钢不锈"成为深圳证券交易所的上市公司。1999年，经过大规模技术改造，太钢不锈钢生产能力提高了50%，达到23万吨。这一时期网络内企业之间不仅仅依靠市场交易或者产业链上的经济联系，创新活动涉及的范围进一步拓宽，出现了相近的企业文化。企业与其他行为主体之间在交互作用的过程中，都能够积极参与到创新活动过程中，进而使各种网络连接（正式的和非正式的）成为创新的源泉，集群创新网络的发展也有了动态的竞争优势。

从网络节点规模变化来看，最显著的特点是网络成员的数量急剧增多。20世纪80年代末到90年代初，国家鼓励国有大型企业扶持地方工业，太钢的技术人员帮助地方企业上项目，周边地区相继建立起一批小轧钢厂、电炉炼钢厂及小炼铁厂。从网络形态来看，钢铁企业之间的垂直和横向联系都逐步加强，通过专业化的物质投入和信息交流，共享基础设施，近距离知识传播和高强度的创新激励，可以大大提高公共物品使用效率，减少交易费用，形成竞争互补优势，从而提高企业的生产率和创新能力。具体来说，企业在垂直产业链上的合作，通过人员之间的交流，网络内的隐性知识和技术信息流动更为顺畅，从而加快了企业的创新速度；在与水平企业的合作上，竞争合作关系体现得也更加明显，实现企业间资源的互补，提高了创新效率。此外，太原理工大学、中北大学、太原科技大学、北京科技大学及钢铁研究总院、陕西钢铁研究所、上海钢铁研究所等高等院校及科研机构都为太原不锈钢企业的发展提供了强有力的技术支撑；中介机构、金融机构等节点正处于萌芽或刚刚完善阶段；企业与现有中介机构的互动也在加强；人与人之间的交流也不断加强，隐性知识、技术、信息的扩散流动也更加畅通。频繁的接触与合作，增加了主体之间的协作与信任，使协同创新成为可能。

进入 21 世纪，我国已经步入工业化中期发展阶段。城市化建设、基础设施建设及加工制造业崛起为钢铁产品提供了广阔的市场。在这一时期，太钢进入快速发展阶段，2003 年不锈钢产量达 66.37 万吨，进入世界不锈钢十强行列，被山西省委、省政府命名为"结构调整突出贡献企业"。2006 年 9 月 29 日被全体太钢人誉为"生命工程"的新不锈钢系统工程建成并投用。该项目的建成，使太钢不锈钢生产能力新增 200 万吨，加之此前所具备的 100 万吨生产能力，太钢最终具备了年产 300 万吨优质不锈钢的生产能力，真正成为全球产能最大、工艺技术装备最先进的不锈钢生产企业。2009 年全年产量为 248 万吨，成为全球最大的不锈钢生产企业，这一时期国家政策支持、创新环境优化等对太原不锈钢企业创新网络发展起到了推动作用。

政府在创新网络中虽然不直接参与创新，但其行为在产业创新网络的发展过程中发挥着重要作用，除了为企业提供政策扶持外，对营造良好的创新环境也起着重要作用。

首先，针对我国不锈钢工业存在的产业集中度低、企业规模小、缺少自己的核心技术等问题，2003 年 12 月国务院办公厅下发〔2003〕103 号文（《国务院办公厅转发发展改革委等部门关于制止钢铁电解铝水泥行业盲目投资若干意见的通知》），对钢铁工业的投资机制进行了正确引导。这对太钢乃至整个集群创新网络的发展都起到了规范引导作用；2005 年 7 月 20 日，国家发展和改革委员会发布《钢铁产业发展政策》，钢铁新政在技术标准层面对于高炉容积做出要求，有效地抑制了无创新能力或创新能力差的钢铁企业的出现，使得太原不锈钢创新网络的企业节点逐步得到优化。

其次，中介组织在太原不锈钢企业创新网络的发展演变中也起到了重要的作用。2007 年 6 月 18 日，山西钢铁行业协会成立，这是由太原钢铁（集团）有限公司、长治钢铁（集团）有限公司、山西中阳钢铁公司等六家企业共同发起组建的，通过发挥其作用避免了企业间的无序竞争，共同规避风险。此外，作为介于政府和企业之间的中间组织，山西钢铁行业协会一直以来作为政府与企业之间的桥梁和纽带，为太原不锈钢集群创新网络的创新环境优化发挥了重要作用。

（三）太原不锈钢企业创新网络的演化过程分析

企业创新网络的演化存在着阶段性，既包括企业创新网络节点由少到多的发展，也有节点之间联系逐渐增强的过程。这表明一般的企业创新网络演化包含了规模变化、结构变化和功能变化三重演化。对这三方面进行分析，有利于我们把握创新网络的复杂网络特征。

（1）网络规模。主要是从网络节点的数量角度予以描述。企业和高校绝对数量的大小和企业创新网络的节点是成正比的。节点数量越多，越容易促成网络联系的建立；同时，科技服务基础设施的建设，也为集群创新网络的完善搭建了良好的外部环境，即"硬件设施平台"的建设在此得以体现。

（2）网络结构。假设企业及大学的数量是既定的，那么各个节点之间的联系、联系程度、结网情况及网络的效应决定了网络结构的复杂化程度。一般来说，网络结构的变化既包括连接数量的增多，即同类节点内部连接的变化及不同节点之间连接的变化，又包括连接方式的多样化，即相同或不同节点之间的连接形式是不尽相同的，比如有资金的流动、创新人员的流动和创新技术的流动等。我们可以把这些资源或者信息的流动统称为"资源信息交流平台"，保证各类管理契约、产品共享和研发合作项目得以顺利实施，有利于提高网络的创新能力，降低创新成本和风险。

（3）网络功能。随着企业创新网络的不断完善，网络的功能不断从单一化向复杂化发展，这代表了网络效应的逐步强化。创新资源的流动和知识的溢出效应逐步凸显，创新水平以及集聚效应得以发挥，从而最终实现区域网络效应的良性循环。

依据前述研究，太原不锈钢集群创新网络的发展过程经历了形成期、发展期和快速发展期，由于形成期网络状态很不完善且数据缺失，主体之间的连接很不紧密，所以没有必要把此阶段单列出来作为一个时段分析太原企业创新网络的结构属性。因此，本书以 2000 年为分界点，分两个时段（1979~1999 年与 2000~2011 年）对太原不锈钢集群创新网络的结构进行测度。

Cantner 和 Graf（2006）总结了创新网络形成的多种形式，其中一种就是技术上的相似性。这种相似性主要以合作专利与合作论文形式表现出来。因此，本书假设出现在合作专利、合作论文说明主体之间创新合作，能够很大程度地解释企业创新网络的演化规律。本书在中国期刊网全文数据库和万方数据库一共检索到 900 篇相关文献，包括期刊论文、会议论文、学术论文、科技成果等。其中 1979~1999 年有 176 篇，2000~2014 年有 724 篇。

根据上面的分析，分别画出太原不锈钢企业 1979~1999 年（见图 3-6）以及 2000~2014 年（见图 3-7）的企业创新网络拓扑结构图，涉及 138 个主体（见附录）。本书对这 138 个主体固定了编号，所以在这两张拓扑图上只是显示了主体的编号。

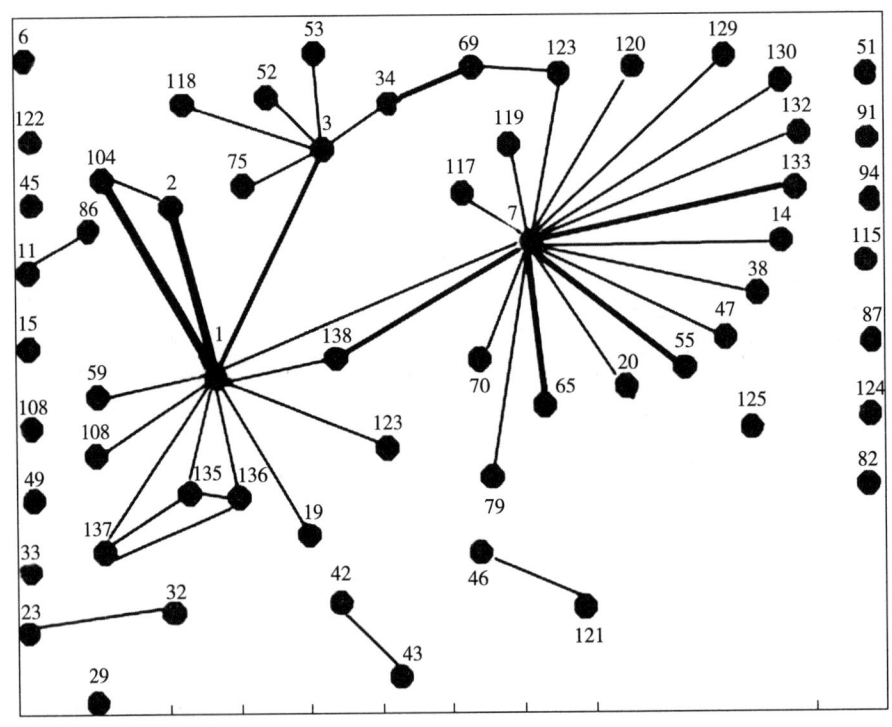

图 3-6　1979~1999 年太原不锈钢企业创新网络拓扑结构

第三章 | 集群创新网络的复杂网络特征实证研究

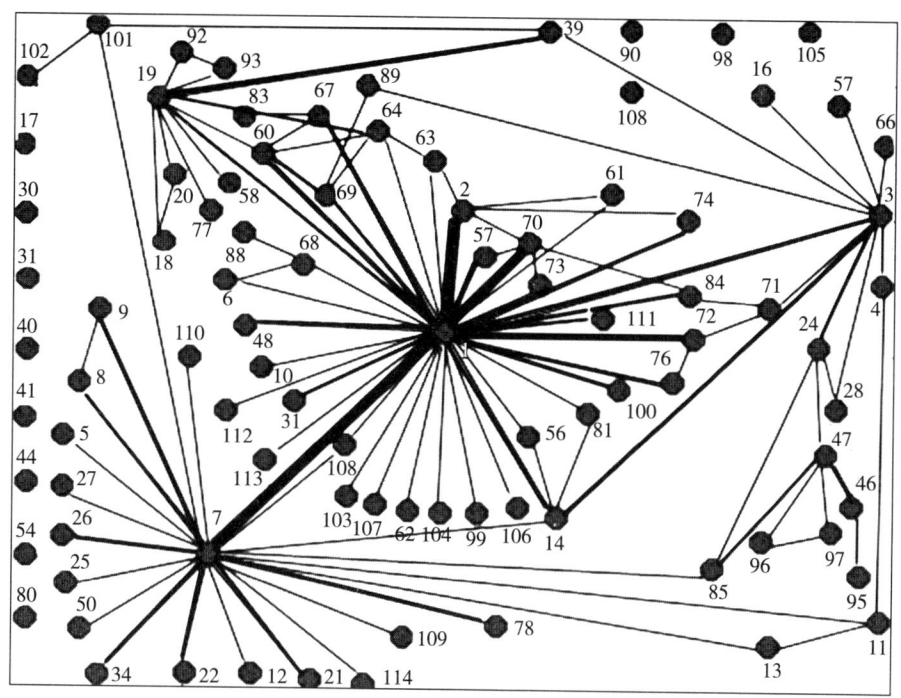

图 3-7　2000~2014 年太原不锈钢企业创新网络拓扑结构

图中的点代表各个行为主体，点之间的连线表示合作关系的存在，线的粗细表示关系的强弱。显然，图 3-6 中 1 和 2、104 之间的连线最粗，代表的行为主体太钢与北京科技大学、安徽工业大学之间的知识合作关系最紧密；图 3-7 中 1 和 2、7、70 之间的连线较粗，代表的行为主体太钢与北京科技大学、太原理工大学、钢铁研究总院之间的知识合作关系比较紧密。比较两图可以发现，网络的节点在不断地增加，同时有新节点增加和旧节点退出，网络的成员在不断地变化更新，符合网络形成和演化中的增长特性；另外网络中节点 1 即太钢的度数在不断地增大，表明网络中的企业或者新增成员优先选择与网络中节点度数大的节点连接，符合网络形成和演化中优先连接的特性。

因为创新主体之间的关系是相互的，不存在指向问题，太原不锈钢企业创新网络的科学合作网络是无向关系网络并且是对称的。当我们考虑创新主体之间的合作频次时,它是无向赋值图;反之,则是无向二值图("1"表示有关系,"0"表示没有关系)。在进行太原不锈钢企业创新网络分析时,使用的是1979~2011年的数据。为了对其进行时间上的纵向分析,以2000年为时间分界点,分别对前20年和后12年进行研究。

三、1979~1999年

(一)度数和度分布

根据前述原理,通过"度"这个参数来找到企业创新网络中与其他节点连接数目比较多的节点,这些节点所代表的行为主体在企业创新网络中具有很强的创新能力,与网络中很多成员都有合作关系。

在太原不锈钢企业创新网络中(1979~1999年),网络规模 $g=62$。在这62个行为主体中,度数比较大的前10个如表3-2所示:

表3-2 节点度数值排名(前5位)

编号	7	1	3	123	135
度数	18	12	6	3	3

编号为1和7的行为主体是太原钢铁集团有限公司和太原理工大学,可见太钢和太原理工大学在太原不锈钢企业创新网络中占据着重要位置,是网络中参与知识合作的重要成员。编号为3、123、135、136的行为主体分别是太原科技大学、太原冶金工业学院、西安重型机械研究所、天津重型机械厂,说明这一时期太原不锈钢企业创新网络中的大学及科研院所也占据了很重要的位置。大学与科研机构在企业创新网络中作为知识和技术的重要供给者,直接参与了知识的生产、传播和应用,是创新网络中重要的生产节点和需求节点。

在该网络中,存在着15个"独立者",即在62个行为主体中,有47个行为主体之间存在着联系。从1979~1999年的20年间,这15个"独立者"与其他行为主体之间从未进行过知识合作,说明当时的太原不锈钢企业创新网络密度比较低,并且行为主体之间的交流频率也比较低,不利于知识交流与技术创新。图3-8是1979~1999年太原不锈钢企业创新网络节点的度分布图。

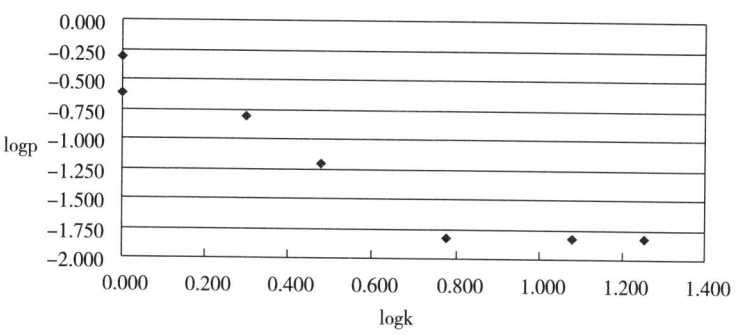

图3-8 1979~1999年太原不锈钢企业创新网络节点的度分布

从图3-8可见,网络中绝大多数节点的度都相对很小,而少量节点的度相对很大,所以网络对随机故障具有高度鲁棒性。

(二)集聚系数

太原不锈钢企业创新网络是无向赋值图,有理由认为赋值高的线对于集聚系数的贡献要比赋值低的线的贡献大。在太原不锈钢创新网络(1979~1999年)中,计算出的网络集聚系数是0.0259。从直观上来看,这一密度比较小,但是密度是一个相对值,网络规模、有联系的行为主体数目以及关系的权重对网络密度的大小都会产生影响。

(三)平均路径长度

网络的平均路径长度表明网络中节点间的分离程度,反映了网络的全局特性。在太原不锈钢创新网络(1979~1999年)中,计算出的网络平均路径长度为2.625。同表3-1中的各种实际网络相比平均路径长度较小,意味着合作主体间合作的中间环节较少,研发合作的功能和效率较好,有利于合作网络中资源的流动。

四、2000~2011年

在太原不锈钢企业创新网络中(2000~2011年),网络规模$g=90$。在这 90 个行为主体中，度数比较大的前 5 个如表 3-3 所示：

表 3-3　节点度数值排名（前 5 位）

编号	1	7	3	19	64
度数	37	24	14	11	7

编号为 1 的行为主体是太原钢铁集团有限公司，编号为 7 的行为主体是太原理工大学。可见，太原理工大学和太钢在这一时期的太原不锈钢集群创新网络中占据着重要位置，是网络中参与知识合作的重要成员。编号为 3 的太原科技大学，编号为 19 的中北大学，编号为 64 的上海大学等大学也在这一时期的创新合作中占有重要地位。图 3-9 是 2000～2014 年太原不锈钢企业创新网络节点的度分布图。

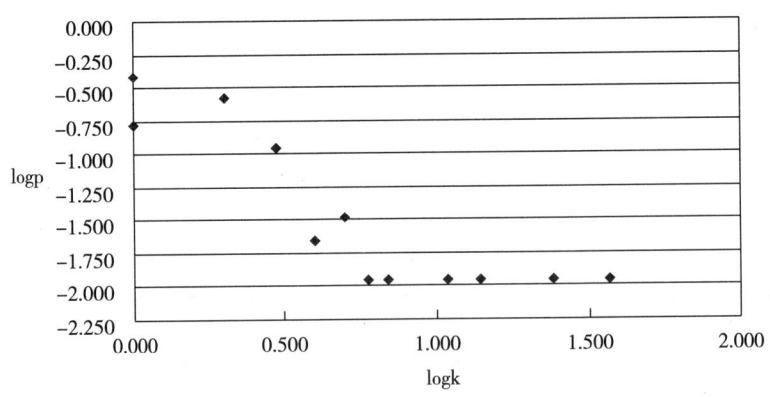

图 3-9　2000～2014 年太原不锈钢企业创新网络节点的度分布

从图 3-9 中我们可以看出，网络中的节点数在增加，具有创新优势的网络成员的规模也在扩大，网络中绝大多数节点的度都相对很小，而少量节点的度相对很大，所以网络对随机故障具有高度鲁棒性。在该网络中，存在着 11 个"独立者"，并且从 2000～2011 年的 12 年间，这 11 个行为主体与其他行为主体之间从未进行过知识合作。集聚系数可以反映网络图中各个节点之间联络的紧密程度,固定规模的点之间连线越多,说明网络集聚系数越大。太原不锈钢企业创新网络(2000~2011年)的集聚系数为0.0292,平均路径长度为2.479,同表3-1中的各种实际网络相比平均路径长度较小,而且相比前一时期的平均路径长度数据也在变小,说明合作创新网络中资源的流通速度和效率趋好,太原不锈钢企业创新网络的结构在不断地优化。

五、案例研究总结及建议

太原不锈钢企业创新网络的节点数目以及成员在不断地变化,说明参加网络的成员有进有出,但是网络的规模还是在不断地扩大;虽然同其他类型的网络相比集聚系数偏小,但是随着网络的演化集聚系数在变大,说明网络的结构在不断地优化。

太原不锈钢论文发表总数呈现出上涨态势(见图3-10)。网络的聚类系数在增大,说明行为主体之间的合作越来越紧密,但是网络相比聚类系数还是偏小,说明网络合作的紧密程度还有待加强。创新网络的平均路径长度在缩小,说明合作创新信息在合作创新网络中的流动在加快,有利于研发合作创新参与主体之间的沟通,从而优化研发网络,提高网络的整体绩效。从本书搜集的数据来看,太原不锈钢企业创新网络的度分布虽然离幂律分布还有差距,但是从网络拓扑图中我们可以看到,绝大多数节点的度都比较小,只有少部分的节点的度相对较大。

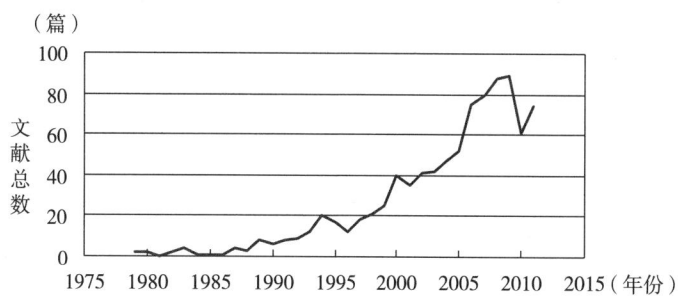

图3-10　1979~2011年太原不锈钢论文发表情况

1979~2011年在太原不锈钢企业创新网络的138个节点中，大学及科研机构有72个，占到网络成员总数的52%，这说明大学及科研机构是主要的创新主体。企业与企业之间横向、纵向的合作关系较少。

虽然太原不锈钢企业创新网络的聚类系数比较小，但我们从其创新网络拓扑图中可以看出，行为主体之间的合作、知识流动是比较频繁的，并且频次绝对值较高。众所周知，创新的本质在于资源的创造和流动，创新是资源流动的结果，因此，作为一个重要环节，资源流动在创新系统中占据重要地位。资源流动顺畅，则创新容易发生，创新网络的总体创新绩效也较高，转而推动知识更好地流动，形成一个良性循环。

由于创新网络的最大特点是开放性，太原不锈钢集群创新网络的主体中就有相当一部分是区域外的主体。虽然从地理位置上来说，它们处于创新网络的外缘，但其对太原不锈钢企业技术创新的影响不容忽视，比如，北京科技大学、上海大学和钢铁研究总院等大学及科研院所与太钢等区域内企业有着密切的合作关系，对太原不锈钢企业的技术创新有着非常重要的作用。

六、发展建议

从网络内部来讲，该集群网络通过各成员发挥各自资源优势，产生"1+1>2"的协同效应。但是由于资源的稀缺性，为了能使有限的资源得到充分的利用，可以通过企业的联合、兼并和资产重组，使网络中不锈钢企业的数量控制在合理的范围内，提高网络的集中度，向集团化一体化发展，这对于提高太原不锈钢企业市场竞争能力有重要意义。

企业在产业链中进行定位时，要结合自身资源和能力的特点，分析自身实力条件，树立以产品专精获取竞争优势的思路，集中力量用在某种产品或者某道工艺上，在特定的细分市场定位中营造自己独特的优势，在创新网络内部找准自己产业链上的定位点，然后在这个点上做深、做专、做精、做强，这样才能获得更多的合作机会，与那些技术创新能力较强的企业合作开发，共同创新，保证企业创新网络的建立和维持。在企业的技术创新能力提高的过程中，企业一定要结合企业创新网络的发育，将企业技术创新的提升与企业创新网络的发育相结合，相互促进推动企业技术创新能力的提高与企业创新网络的发育。

随着网络规模的扩张而导致市场的集聚，竞争的当地化在所难免，而且竞争对于保持不锈钢企业的活力是极为必要的，但是企业如果过于强调彼此间的竞争而缺乏合作双赢的意识，将会给企业创新网络的发展带来很多不利的影响，尤其是在技术创新过程中，合作是重要基础。在企业创新过程中，只有通过和各网络节点的紧密互动，如和供应商、客户、同行企业合作等，充分利用网络创新资源，在合作中交流各自的意见、想法和技术，才能更好地实现技术创新，提高技术创新的能力。企业技术创新网络形成是由于企业一次次地与其他主体进行各式各样的创新合作，同时这种技术创新合作行为又推动了企业的成长，企业就强化了与其他主体合作的意愿。企业技术创新网络就是建立在企业与其他主体的一次次合作创新基础上的。从资源流动的角度看，以一种合作的心态还是以一种竞争的心态对待知识外溢的受益者，将影响网络内部的知识流量，最终影响企业的创新，影响到企业创新网络的演化。

从网络外部环境来看，政府的政策与行为在企业创新网络的演化中有着不可或缺的作用，政府应努力为企业创新网络的发展提供良好的环境。大力拓展融资渠道，鼓励金融机构提供创新的金融服务。由于政府自身的资金有限，不可能为网络中所有的成员直接提供支持，所以培养集群创新网络需要政府建立一个服务完善、监管到位并且利益多元化的融资服务平台和融资担保渠道；鼓励不锈钢企业进行创新，指导当地不锈钢企业减少低附加值的低端产品的生产，增加高精尖产品的生产加工；改善产品质量、降低生产能耗，提高劳动生产效率来节省成本，增加附加值，走出一条以质取胜的精细化发展模式；运用贴息、地方返税、所得税减免、专项基金等创新激励经济杠杆，激励企业的创新行为。

行业协会要发挥好政府与企业之间的桥梁作用，协助政府落实产业政策。行业协会要建立贸易摩擦预警机制，及时应对国外的技术壁垒、反倾销等贸易保护政策。在处理对外贸易纠纷中,行业协会要牵头组织谈判和诉讼,保护本地企业免遭不公平竞争待遇;发挥在鼓励创新保护知识产权方面应有的作用;建立网络成员间的规范机制,健全协作网络,不让网络内的机会主义者有生存空间;维护企业创新网络的整体利益,实现企业创新网络中的成员共生共赢发展。

市场要在组织、调整、配置资源方面起主导作用,建设完善的市场经济体系可以大大降低合作创新成本,促进企业创新网络的发展。

第六节　结论与不足

随着企业间技术创新合作规模、合作范围的不断扩大,技术创新合作群体之间的关系已构成了复杂社会网络系统。传统的研究方法已难以准确描述这种创新合作形式的变化,不能很好地刻画这种网络化的结构。基于此,本书从内部动力和外部动力两个方面分析了企业创新网络形成和演化的动力因素,提出了企业创新网络形成和演化的关键机制,包括增长、择优连接、动态演化等。在此基础上运用演化博弈的方法分析了网络外部的企业加入企业创新网络的动机和决策,设计了企业加入创新网络的演化博弈模型,得出了企业创新网络经过演化可以达到一个稳定的状态;运用复杂网络方法构建了企业创新网络演化模型,用计算机仿真软件 MATLAB 实现网络的动态变化,对网络达到稳定状态的拓扑结构进行了测度,分析了该网络的度分布、集聚系数和平均路径长度等统计特性。研究结果表明随着企业创新网络的不断演化,企业创新网络的度分布符合幂律分布,具有较大的集聚系数和较小的平均路径长度。在理论推演的基础上,对太原不锈钢企业创新网络演化过程进行了实证分析。通过比较两个时期的网络结构,我们发现太原不锈钢企业创新网络的节点数目以及成员在不断地变化,网络的规模在不断地扩大,集聚系数也在变大,说明网络的结构在不断地优化中。具体结论如下：

（1）本书认为企业创新网络演化的动力因素分为内部和外部两个方面。内部动力总结为：信用契约机制、资源互补、技术知识创新的溢出效应、创新学习、技术进步与获取竞争优势的驱动、利益分配等；而促成网络形成的外部动力主要总结为：政府行为与政策以及市场的需求等。接下来利用演化博弈的理论和方法分析了上述的某些动力因素对企业创新网络的影响，上述的动力因素达到一定的阈值，企业创新网络就可以达到一个稳定的状态。比如：企业技术进步的要求，使得企业技术创新的提升与企业创新网络的发育相结合，相互促进推动企业技术创新能力的提高与企业创新网络的发育。以一种合作的心态还是以一种竞争的心态对待知识外溢的受益者，将影响网络内部的知识流量，最终影响企业的创新，影响到企业创新网络的演化。

（2）对企业创新网络的研究方法、网络结构特征阐述、复杂网络特征与企业创新关联性进行了分析，构建了企业创新网络的演化模型，进行了模拟和分析。仿真分析的结果表明企业创新网络具有无标度性质，随着网络的演化，企业创新网络会表现出较小的平均路径长度和较大的集聚。要构建强健的企业创新网络，需要有适当的平均路径，尽可能有均匀的度分布，合适的集聚系数。

参考文献

[1] Jarillo J. C. On Strategic Network [J]. Strategic Management Journal, 1988: 31-41.

[2] C. Freeman. The Nationnal System of Innovation in Historical Perspective Technology, Globalization and Economic Performance [J]. Cambridge Journal of Economics, 1995, 19 (1): 5-24.

[3] Aken J. E., Weggeman M. P. Managing Learning in Informal Innovation Networks: Overcoming the Daphne‐dilemma [J]. R&D Management, 2000, 30 (2): 139-150.

[4] Harris L., Coles A. M, Dickson K. Building Innovation Networks: Issues of Strategy and Expertise [J]. Technology Analysis & Strategic Management, 2000, 12 (2): 229-241.

[5] 刘卫民, 陈继祥. 创新网络、复杂性技术及其激励性政策研究 [J]. 中国科技论坛, 2004 (5): 56-59.

[6] Williamson O. E. The Economic Institutions of Capitalism [M]. New York: Free Press, 1985: 47-53.

[7] Larsson R. The Handshake between Invisible and Visible Hands [J]. International Studies of Management and Organization, 1993 (23): 87-106.

[8] Jarillo J. On Strategic Networks [J]. Strategic Management Journal, 1988 (9): 32-45.

[9] Osborn R. N., Baughn C. C. Forms of Interorganizational Governance for Multinational Alliances [J]. The Academy of Management Journal, 1990, 33 (3): 503-519.

[10] 卢福财, 胡平波. 网络租金及其形成机理分析 [J]. 中国工业经济, 2006 (6): 84-90.

[11] Alchian, Demsetz. Production, Information Iosts and Economics Organization [J]. The Amercian Economics Review, 1972 (62): 96-113.

[12] Birgit Renzl. Trust in Management and Knowledge Sharing: The Mediating Effeets of Fear and Knowledge Documentation [J]. The International Journal of Management Science. Omega, 2008 (3): 206-220.

[13] Granovetter, M. Eonomic Action and Social Strueture: The Problem of Embeddedness [J]. American Journal of Soeiology, 1985, 91 (3): 481-510.

[14] Saviotti P. P. On the Dynamics of Appropriability, of Tacit and of

Codified Knowledge [J]. Research Policy, 1998 (26): 563-578.

[15] Ostgaard T. A., Bidey S. New Venture Growth and Personal Networks [J]. Journal of Business Researeh, 1996, 36 (1): 37-50.

[16] Richardson G. B. The Organization of Industry [J]. Economic Journal, 1972 (82): 883-896.

[17] 王缉慈. 网络环境: 产业组织创新的崭新形式——兼评我国企业"上规模"的认识 [J]. 战略与管理, 1997 (3): 109-114.

[18] Tushman M. L., Anderson P. Technological Discontinuties and Organizational Environments [J]. Administrative Science Quarterly, 1986 (31): 439-465.

[19] Michael L. T., Lori RoSenkopf. Organizational Determinants of Technological Change: Toward Sociology of Technological Evolution [J]. Administative Science Quarterly, 1992 (135): 123-152.

[20] Kash D. E., Rycoftrw. The Dynamics of Innovation: From National Systems and "Mode 2" to a Triple Helix of University-industry-government Relations [J]. Research Policy, 2000, 29 (2): 109-123.

[21] Hamel G. Competion for Competence and Inter-parter Learing Within International Strategic Alliance [J]. Strategic Management Journal, 1991 (12): 83-103.

[22] Inkpen Andrew C., Paul Beamish. Knowledge, Bargaining Power and International Joint Venture Instability [J]. Academy of Management Review, 1997 (22): 177-202.

[23] Andrew Inkpen, Eric W., Tsang K. Social Capital, Networks, and Knowledge Transfer [J]. Academy of Management Review, 2005, 30 (1): 146-165.

[24] 党兴华, 李莉. 技术创新合作中基于知识位势的知识创造模型研究 [J]. 中国软科学, 2005 (11): 143-148.

[25] 汪小帆, 李翔, 陈关荣. 复杂网络理论及其应用 [M]. 北京:

清华大学出版社，2005：253-263.

[26] 田钢，张永安，兰卫国. 基于刺激—反应模型的集群创新网络形成机理研究 [J]. 管理评论，2009（7）：49-55.

[27] 张兵，王文平，孟庆松. 非正式创新网络结构仿真研究 [J]. 管理工程学报，2008（4）：62-66.

[28] 池仁勇. 区域中小企业创新网络评价与构建研究：理论与实证 [D]. 中国农业大学博士论文，2005.

[29] 王大洲. 企业创新网络的进化机制分析 [J]. 科学学研究，2006（5）：780-785.

[30] 谭跃进，邴宏钟. 复杂适应系统理论及其应用研究 [J]. 系统工程，2001，19（5）：1-6.

[31] 陆园园，薛镭. 基于复杂适应系统理论的企业创新网络研究 [J]. 中国科技论坛，2007，（12）：76-80.

[32] Watts D. J., Strogatz S. H. Collective Dynamics of "Small World" Networks [J]. Nature, 1998（393）：440-442.

[33] Watts D. J. The "New" Science of Networks [J]. Annual Review of Sociology, 2004（30）：243-270.

[34] Barabási A. L., Albert R. Emergence of Scaling in Random Networks [J]. Science, 1999, 286（10）：509-512.

[35] Barabási A. L., Albert R. Topology of Evolving Networks：Local Events and Universality [J]. Physical Review Letters, 2000, 85（24）：34-52.

[36] Cantner P., Graf J. The Network of Innovators in Jena：An Application of Social Network Analysis [J]. Research Policy, 2006（35）：145-168.

第四章　供应链网络下集群企业合作创新问题研究

第一节　引　言

　　产业集群是指在某一特定领域内互相关联、在地理位置上集中起来的企业和机构的集合。一般来说，集群企业和机构之间有两种形态的关联形式：一是横向关联，主要是与竞争对手或者辅助性产品制造商之间的关联；二是纵向关联，包含与上游供应商之间，下游销售商或客户之间的关联。随着经济全球化进程的加快，产业集群内这种基于横向企业之间的合作与纵向企业之间的合作所形成的集群供应链网络不但没有消失，反而在很多国家和地区不断涌现，比如美国底特律，以汽车制造为核心所形成的产业集群集聚了为数众多的企业，包括零配件供应商，下游分销商以及横向的辅助制造商与竞争对手。

　　20世纪60年代兴起的美国硅谷现已成为高新技术产业集群的代名词。在日本，以丰田汽车为核心形成的产业集群聚集了一级配套企业，二级配套企业，三级配套企业，四级及以下的配套企业更是不计其数。我国的产业集群起源并兴盛于江浙及广东一带，随后迅速在内地蔓延，如温州柳市低压电器产业集群、中山古镇灯饰产业集群、河北清河羊绒产业集群以及重庆摩托车产业集群等。

集群企业之间紧密的合作关系对促进集群创新方面所发挥的重要作用，无论是企业界还是学术界都已经形成普遍共识，即对于企业的内部创新过程来说，集群企业合作可以说是企业创新的一个重要补充。独立企业之间稳定的网络关系是高技术时代技术创新的需要，尤其是复杂的技术系统，必须通过众多企业之间长期的合作及技术学习才能完成。近年来，很多研究的结果表明，集群企业之间合作如上下游之间的协作关系，能减少信息不对称程度和企业交易的不确定性，降低交易成本，降低创新风险，因此进一步合作成为集群形成创新优势的重要条件。

目前，尽管我国很多地区基于地方根植文化、资源优势或者政策扶持，出现了众多的产业集聚区，但在生产上相对独立，发展过程中应有的技术、信息等方面的正式或非正式的交流还比较欠缺，还没有形成类似硅谷和新竹等产业集聚区的合作创新，反而有时候由于竞争相互拆台，导致信息、技术、知识的流动不畅。可以说，区域内企业间交易费用高，企业分工合作网络微弱，直接影响产业集群的升级。当前我国产业集聚区尚有一些问题亟待解决。

(1) 集群产品趋同化问题较为普遍，集群企业存在"扎堆儿"现象。一般来说，目前大部分产业集群的形成主要依赖于对大型企业进行配套与模仿，大型企业有可能是早期国家的重点建设项目，也有可能是由民营企业发展而来。此外，产业集群的形成和发展离不开本地文化的根植性，集群企业之间的资金流、信息流、物质流等大都是通过亲缘、血缘或地缘等关系进行的正式或非正式的交流和传播，这种行为虽然促进了技术的扩散和创新，但是另一方面也导致企业生产的产品同质化。特别是在一些传统的产业集群中，由于企业数量的不断增加，产品市场逐渐达到饱和，加之较低的产品技术含金量，加剧了集群企业恶性竞争局面。在这种情况下，很多产业集群中出现了企业"扎堆儿"的现象，使得企业产品在外观设计、价格、功能等方面都存在严重趋同现象，此时企业为了生存下来，就不得不竞相折价、以次充好，最终破坏了集群的整体形象和企业的生存空间。

（2）高度的专业化分工没有形成，产业链体系尚待完善。目前大部分产业集群纵向分工不充分，导致产业链条不够完整。主要表现在两个方面：第一，集群内企业"大而全""小而全"现象明显，即从原材料生产、中间产品加工到最终产品销售，都在同一企业完成，意味着企业没有把资源集中到自己的最优领域，限制了其竞争能力的培育和规模经济的形成。对社会来说，重复投资浪费资源。第二，"两头在外，中间在内"的国际市场分工格局，即高端科技研发、产品设计以及终端的销售等高附加值环节都处于国外企业掌控之中，而国内企业只处于供应链附加值的最低端，靠劳动力成本低廉优势赚取微薄利润，而且竞争激烈。随着刘易斯拐点的到来导致"用工荒"的现象，说明这种只靠劳动力密集型的加工制造业难以为继。

（3）纵向企业之间协同不够，横向企业之间合作不足。纵向企业之间的合作仅限于一般的上下游供应关系，例如，在物流配送、生产流程化、核心技术的开发等方面，上下游企业的协同性比较缺乏，而横向企业之间由于产品的差异化较小等原因使得竞争激烈，合作不足。横向企业之间的竞争主要集中于产品的价格和市场占有率方面，但一些关键的核心技术，却需要从国外进口，缺少对自主创新与合作创新的关注与重视。

（4）辅助机构缺乏，产业集群创新系统不完善。在集群所形成的创新网络结构中，集群企业、政府机构、大学与科研院所、中介机构和金融机构是网络中的重要节点。其中，集群内的企业是合作创新的主体，其他节点为辅助机构。因此，集群内共有的技能、知识、市场、人才、公用设施及地域专有文化等因素构成集群创新的必备条件。但是我国产业集群发展的软件、硬条件还有很多不足，例如，表现公共设施差、中介及金融机构不完善、区域规划布局缺乏合理性等。另外，在有些根植性比较强的产业集群中，亲缘、地缘和血缘等强社会关系具有排他性和封闭性，限制了外部人力资源、技术和信息的进入，导致整个集群创新网络系统不够完善。

综上，产业集群内深度分工是当前经济转型的必然要求，这使得集群内分化出的供应链和价值链延伸出更加专业化的分工，也使集群企业对市场的反应更具灵活性，尤其是面对一些复杂的技术创新，通过企业间的合作创新才能完成。在基于资源和技术的集群网络中，上下游企业之间的协作关系，横向企业之间异质类信息的交换等合作创新行为，都能减少信息不对称程度，降低创新风险和交易费用，形成集群创新优势。

合作创新可以整合优势资源，避免资源浪费，降低创新风险和交易费用。然而，绝大多数的研究仅仅是从理论层面说明合作创新是一种必然的行为选择，对集群企业合作创新进行实证的研究更是少见。本书借鉴社会学中的关系强度这一概念来对合作创新进行量化，根据合作时间、交易频率、资源共享、组织间合作力度以及信息交换深度等变量，将创新合作划分为强关系型合作创新与弱关系型合作创新。强关系型合作创新行为表现为较高的交易频率、广泛的资源共享、持久的合作时间和深度的信息交换；弱关系则与之相反。强关系主要作用于企业资源积累与能力拓展的深度，而弱关系则更多地影响企业资源与能力积累的范围广度。因此，强关系局限于局部供应链网络，而弱关系延伸至多个局部网络。针对目前我国产业集群的现状，加强集群企业合作创新深度，引导合作创新向强关系型转化，是提高我国集群企业竞争力的有效途径。

随着经济和全球一体化时代的到来，迫切需要产业集群由低成本型产业集群向创新型产业集群转型。如何深入剖析产业集群创新优势的形成机理并对其进行实证分析是该领域亟待解决的问题，这对于促进集群发展及区域经济的整体发展具有现实意义。研究意义表现在以下方面：

(1) 易于实现企业间资源的优势互补，促进整个集群创新能力的发挥。

(2) 易于培育集群或整个区域品牌，提升整个集群乃至整个区域在国内甚至是国际上的竞争力，带动周边区域的发展。

(3) 易于充分发挥集群主导企业的带动作用，引导集群内其他中小企业的发展，实现整个集群竞争能力的提升。

(4) 有利于增强产业集群产业链系统内企业的创新能力。

第二节 文献综述

当今产业集群无处不在，鉴于其对区域经济增长及区域创新的巨大作用使之成为国内外学者竞相研究的热点，其中集群创新网络问题更是在创新强国的今天成为最为关注的话题。

产业集群起源于英国的经济学家马歇尔（1922）的产业区位理论，马歇尔首先举出了很多产业集聚区的例子，如英国斯塔福德郡的陶器生产、贝德福德郡的草帽生产、白金汉郡的椅子生产、菲尔福尔德的利器生产等。他认为这些工业之所以能够在产业区内集聚，除了自然条件和宫廷的奖赏外，在于其内部生产活动的劳动分工不断细化，使得生产力迅速提高，促使本区的供应商与客户建立持久与广泛的联系。这一理论最终演化成纯经济分析中的产业集聚模型（agglomeration）。1977 年，意大利的社会学者巴格纳斯科通过对意大利东北部地区的研究，提出了新产业区的概念。新产业区都是由很多中小企业积聚而成，企业之间既有竞争又有合作，不仅有基于正式战略联盟、经济合同、投入产出的合作，还包括沟通、接触等非正式交流。可见，信任与合作是新产业区重要的特征，它有助于集群内企业（包括竞争者）联系在一起，而恰恰是这种有效的合作网络产生了一种内力，使当地经济迅速增长。继新产业区理论之后，由法国、意大利、瑞士等国区域科学家组成的区域创新环境研究小组（GREMI）利用社会文化环境的概念把产业的空间集聚现象与创新活动联系在一起（Bramanti and Maggioni），认为环境是一种发展的基础或背景，是指由诱导创新的区域制度、法规、实践等组成的系统，它使得创新性的机构能够创新并能和其他机构相互协调。以波特（1998）[1]为代表的战略管理学派对产业集群的研究也做出了很大贡献。他认为国家竞争优势产业是通过一个高度的本地化过程创造和发展起来的,要获得竞争优势,国内的产业需要创新合作。

近年来,从波特理论出发的产业集群分析已经逐渐和社会学、地理学关于网络创新的文献相互渗透。道英格等人(Doeringer,1996)区分了有关集群的三类理论:竞争理论(波特的集群论)、合作理论(新产业区论)和目标在于大企业的供应链。他们认为与克鲁格曼(1997)[2]的报酬递增概念相联系的供应链,可以和吸引跨国公司的集聚过程相比较。

虽然我国对产业集群的研究起步较晚,但是近年来随着国内产业集群的区域实践促使产业集群的研究也逐渐成为一个热门话题。北京大学地理经济学家王缉慈(2001)的《创新的空间:企业集群与区域发展》一书从跨学科的角度综述了企业集群相关理论,并结合我国当前区域发展和区域研究的现实,比较分析了国内外典型案例,指出培育具有地方特色产业集群,营造区域创新环境是强化区域竞争力及增强国力的关键;仇保兴(1999)[3]在《小企业集群研究》一书中,着重从企业集群专业化分工的视角,研究了中小企业集群的形成机制,强调市场与环境对集群形成和发展的重要作用;王珺(2005)[4]从集群的衍生性入手进一步完善集群的理论;魏守华等(2002)[5]从更广泛的区域经济发展理论视角对集群进行研究。通过对以上不同视角的分析,我们可以将集群本质归纳为:具有规模经济和外部经济相结合的经济实体。

近年来,基于创新网络视角研究产业集聚是对集群研究的一个突破。最典型的是盖文启(2002)的《创新网络——区域经济发展新思维》一文对区域创新网络进行了深入的分析,将集群内企业、科研机构、金融部门、中介机构等作为网络节点,结合规模经济、范围经济及外部经济等理论,构建了区域创新网络系统。

集群创新网络研究的进一步深化就是集群的供应链网络。这个概念最早是由美国经济学家 Fu-Renlin 和 Michael(1998)在 Reengineering the Order Fulfillment Process in Supply China Networks 一文中提出的,认为供应商节点、制造商节点、买方节点以及分销商节点等共同构成了一个复杂的供—产—销网络,在这个网络内各个节点彼此联系,相互依存,称之为供应链网络;Christopher 对供应链纵向企业之间的组织结构进行了研究,但显然其对供应链网络研究还是局限于局域网络之中,并未涉及对横向企业之间的研究;Cooper 等进一步对网络结构、流程以及供应链管理等问题进行了系统深入研究,并深入探讨了供应链网络中核心企业是如何在纵向一体化战略中凸显其主导作用;国内学者李君华、彭玉兰 (2006)[6]在《产业集群与供应链管理的比较分析》一文中分析了集群与供应链网络的耦合与区域经济增长的关系;周建等 (2004)[7]在《供应链组织的复杂适应性特征及其推论》中,将供应链网络定义为一个复杂的适应系统,在该系统内不但具有物质流,而且还存在知识流,知识流的存在使得供应链网络具有动态特性和不可预测性;霍佳震等 (2007)[8]将供应链网络分为单链式与多链式供应链,这为供应链的连接模式进行了初步分类;范旭等 (2006)[9]将网络的小世界、无标度等特征纳入供应链网络中进行了分析;夏兰、周中山 (2007) 将集群网络结构进行了细化分析,并提出集群内各个节点之间的有机连接是集群得以形成的首要因素;李凯、李世杰 (2004)[10]将装备制造业集群纳入集群网络进行了研究,并构建了装备制造业集群的网络结构;盖文启 (2002) 对集群的创新网络进行了归纳和总结,并运用规模经济、范围经济、交易成本、竞争优势、创新等理论建立了区域创新网络理论体系;夏德、程国平 (2003)[11]指出产业集群和供应链在具体运作过程中相互依存共同发展,具有共生性和战略目标的趋同性,并阐明了二者协调发展的共生机理;戚桂清 (2006) 等[12]使用重复博弈理论分析集群供应链网络中单链式供应链和并行式供应链,得出单链式供应链上下游企业之间存在较大的合作空间,而并行式供应链形同价值链环节,竞争性空间较大、合作较难的结论。

20 世纪 80 年代以来,一些学者对集群合作创新进行了广泛而深入的研究。企业之间的合作关系,不论是垂直的生产协作关系还是横向关联,都日益被看成一种重要的创新过程中的协作关系。集群企业可以利用集群网络创新的优势来提高自身的创新能力,正是由于集群内创新网络的存在,使得企业之间的合作关系超越了传统的边界,成为企业的关键资源;还有一些产业集群研究把集群企业之间的合作分为垂直合作与横向合作。在垂直合作关系中,企业提供的产品是互补的,通过供应商、服务商以及顾客关系形成的纵向合作网络,特别是涉及新技术的合作,很大程度上将取决于公司之间所培育的相互信任程度和长期的合同约束[13];除了对成本、交易性的相互依赖的解释,同时也出现了一些普遍的认知,那就是沿着价值链的合作会提高创新水平和生产能力。在这方面,Richardson(1972)[14]认识到,通过协调企业之间的活动和使用网络内成员的专长所构成的网络价值链可以获得更大的价值;Hankasson(1987)认为网络关系促进了企业创新和技术水平,特别是网络关系对于垂直生产链上的供应商与顾客关系的推进;Von Hippel(1976)[15]强调了用户在产品创新过程中是如何发挥关键作用的,密切合作的供应链对企业生产及创新是有利的。

在区域集聚的范围内来研究企业合作对创新的影响,最典型的是对意大利工业区的研究。Brusco(1982)[16]提出了一个非常重要的变量——创新氛围,将该变量表述为"创新孕育在一种空气之中",认为集群内的水平联系,由于处于同一规制下,有助于了解竞争对手状况。例如,在美国的硅谷等新产业区中,企业之间是平等互惠的关系,知识的共享成为集群得以高速发展的关键因素。在创新环境下,地缘相近公司间的相互关系为知识和信息的交换或交流提供了一个机会,也为集体学习创造了一个有利的激励环境。

最近的有关集群企业合作创新的实证研究主要集中在一些特定的产业和地区创新系统和创新网络方面,多使用二值变量分析企业的横向合作和纵向合作。在垂直纵向合作关系中,企业提供的产品是互补的,由供应商、服务商以及顾客关系形成的纵向合作网络,是在公司间相互信任基础之上所建立的长期约束的合同,这对于集群企业保持持续创新能力非常重要;Ahuja(2000)[17]发现在美国一个公司建立的合作关系数量与其建立的专利数量是成正相关的。

在谈到区域创新文献的时候，De Propis（2000）[18]借鉴了435家在英国西米德地区装备制造业集群内的企业，以探讨影响集群企业创新的关联因素。他使用二进制变量明确了以下两点：第一，公司是否与他们的供应商和客户之间有创新活动方面的合作；第二，创新类型。他把创新定义为两种类型：一种是对现有产品/流程的创新，另一种是发明新的产品/流程的创新。认为那些与客户和供应商合作的公司更容易实现产品创新，而在实现生产流程创新过程中，与供应商之间的合作网络尤其重要。

一些人员在研究集群创新的文献里发现了其他因素，比如Molina和Teresa（2006）[19]尝试用合作的环境来评估对创新的影响。他们对西班牙班轮亚地区的几大产业集群进行了调研，主要是探讨了企业之间相关资本变量对创新水平的影响。研究发现，从总体上来说，相关的资本变量对区域创新水平的解释是显著的，创新的外部来源的重要性诸如合作氛围变量并不显著。

总之，相关合作创新的文献大多认为企业间的合作关系对创新具有正向作用。虽然在不同行业合作创新的相对重要性各不相同，并且还取决于若干因素诸如合作者的数量、创新网络存在的背景等，但一般来说，企业之间的垂直合作关系是一个重要因素，横向合作的作用不太显著，但也是不可或缺的。

本书在研究国内和国外大量文献及调研的基础上，试图解决两个问题：第一，深入分析供应链网络下集群企业合作对创新的内在机理；第二，建模分析集群企业横向合作和纵向合作对创新的作用，并深入探讨集群企业合作对不同维度创新的作用，本书将创新分为综合创新、产品创新、流程创新，分析纵向合作及横向合作对创新的作用，为制定山西省装备制造业集群企业技术创新政策以及不同类型集群企业（传统以及新型）的发展提供指导。

第三节　集群供应链网络形成与结构

一、产业集群供应链网络结构的形成

初期产业集群的形成很大程度上是由于区域禀赋、便利的公共设施或某些偶然因素促成。随着集群不断壮大，集群内部的分工更加细化，中间产品部门专业化水平不断提高和交易成本逐渐增加，从而推动了最终产品和产业门类的细化，交易成本降低，出现企业数量扩增而营业范围缩小的局面。

产业集群的演进是集群在外部环境作用下自发行为和集体选择的过程，遵循优胜劣汰、从低级到高级的演进规律。然而，集群供应网络并不是简单的、线性的和单向的，而是一种非线性的轨迹，且集群内企业的数量也存在一定的临界值，达到一定程度之后，集群内数量就不再继续增加，甚至开始减少。

具体来说，在集群初建阶段，集群内企业数量极少，企业之间的合作关系不多。随着集群所面临的外部市场需求不断扩大，集群企业开始进入模仿创新阶段，一些技术主要通过地缘、亲缘、血缘等社会关系开始在集群内溢出，使得企业数量开始急剧上升，达到临界值 n_2（见图4-1）。

在集群成长阶段，企业进入和创新数量都呈现出迅速增加的态势。一方面，同类产品企业的增加，使得横向企业之间竞争加剧，出现了集群内横向企业之间的兼并重组，最终有实力的企业成为产业链的核心企业和市场的主导者；另一方面，集群内纵向分工不断细化，专业化的供应商、制造商出现增长态势，销售商和买方群体逐渐形成，辅助机构、中介服务机构不断出现，公共设施也不断完善。

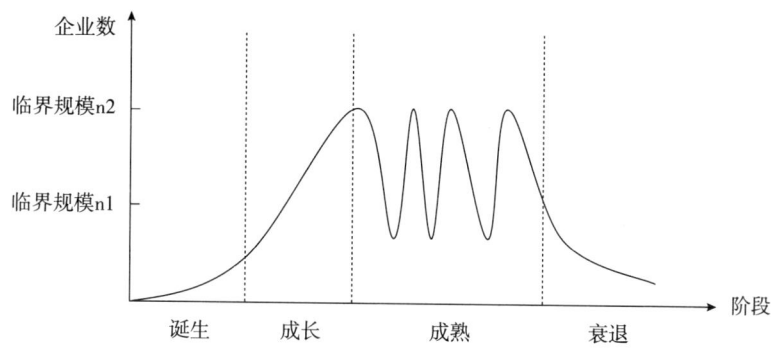

图 4-1 产业集群周期演进示意

进入集群成熟阶段，一方面，产业分工实现了充分的细化和深化，产业链的每一环节都充斥了很多企业，大都提供相同的或者是相似的产品或是服务，但是具有完全不同的资源优势、竞争能力与盈利能力，这是横向企业可以实现充分合作创新的前提和基础条件。伴随着集群的不断壮大，企业的利润空间以及生存空间受到压缩，出现了集群企业被兼并和重组现象，随着市场内主导企业对劣势企业并购的增加，产业集群企业数量趋于稳定。另一方面，不断扩大的规模和复杂的内部结构强化了大型企业的路径依赖，降低了其对市场的反应能力和创新能力。多样化的个性需求和不断升级的技术为企业新产品的开发、新工艺流程的改造以及新市场的开拓等创新行为提供了更大空间。

在集群相对稳定的成熟期阶段，得益于高度细化的分工和网络合作，使得集群内的行为主体——上游企业、下游企业、竞争性企业、中间企业、金融机构等部门，保持着一种良态的合作关系，这些部门之间不仅存在有形的物质流的供需关系，更重要的是存在一些无形产品的流动，诸如信息流、资金流。另外，企业家之间以及劳动力之间在产业集群内还存在一些复杂的社会关系，共同勾勒出产业集群供应链网络结构，如图 4-2 所示。

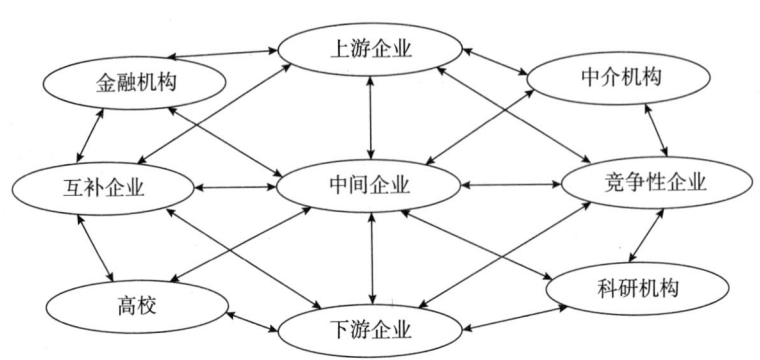

图 4-2 成熟期产业集群的供应链网络结构

在集群衰退阶段，集群内产品同质化严重，竞争加剧，加之企业之间对路径的依赖和路径锁定效应，导致新兴企业不愿意进入，集群走向衰退僵化阶段。

事实上，很多对集群周期演进动力机制的研究表明，成熟高效的动力机制能迅速捕捉并转化为竞争优势的因素，并且能实现对集群发展的持续性推动，其中最重要的驱动因素是集群内的技术创新。通过技术创新可以实现集群内产业结构的快速调整，加之技术创新还具有外溢效应，在创新氛围浓厚的集群内，新技术很快会得到传播。通过一系列的示范效应，技术创新能够带动整个集群获得创新收益；通过渗透与改造落后的传统产业，还能带动整个产业的顺利转型。此外，技术外溢所形成的新的产业集群，会增强包括主导产业在内的企业整体竞争实力，使得产业集群集聚水平不断提高。

二、产业集群供应链网络结构

区域经济学家马库森在研究了美国、日本、韩国和巴西四国的产业集群之后，认为产业集群网络结构主要分为四种：马歇尔式产业集群、卫星平台式产业集群、轮轴式产业集群、新兴产业集群（2004）[20]。其特征如表 4-1 所示。

表 4-1 产业集群网络结构的类型及特征

结构类型	主要特征	主要优点	主要弱点	典型发展轨迹	政策干预
马歇尔式产业集群	中小企业居多；专业化强；地方竞争激烈；合作网络，基于信任的关系	柔性专业化；产品质量高；创新潜力大	路径依赖；面临经济环境和技术突变，适应缓慢	停滞、衰退；内部劳动分工的变迁；部分劳动外包给其他区域；轮轴式结构出现	集体行动形成区域优势；公共部门和私营部门合营
卫星平台式产业集群	中小企业居多；依赖外部企业；基于低廉的劳动力成本	成本优势；技能及隐性知识	销售和投入依赖外部参与者；悠闲的因素影响了竞争优势	升级；前向和后向工序整合，提供客户全套产品或服务	中小企业升级典型供给
轮轴式产业集群	大规模地方企业和中小企业；明显的等级制度	成本优势；柔性；大企业作用重要	整个集群依赖少数大企业的绩效	停滞、衰退；升级，内部分工变化	大企业、协会和中小企业支持机构的合作增强了中小企业的实力
新兴产业集群	中小企业为主；高度依赖政府主导与制度分割；高度依赖相关产业发展	创新优势；信息优势；品牌优势	受外力影响大；面临风险大；创新压力大；易形成恶性竞争	创新、衰退、再创新	制度分割，如财政补贴

如表 4-1 所示，轮轴式产业集群发育演进的根源在于一个产业的价值链环节不断深入地分解分工，众多的中小企业基于自己专业的业务能力，通过分包核心企业比较薄弱的产业环节，与核心企业共同完成整个产业的运行发展，从而发育出轮轴式产业集群。企业节点之间的关系是网络中最基本也是最重要的网络关系，这是因为企业是创新网络的主要节点，是科技创新的主体。除此之外还包含科研部门、政府部门、金融机构等网络节点，这些节点之间的连接共同构成了集群的网络环境，这种基于复杂性的网络环境在当今具有自身的特点如表 4-2 所示。

表 4-2　比较传统环境与网络环境

	传统环境	网络环境
经济活动范围	仅限于某一区域内	全球一体化
市场	单一	多变
生产方式	"福特式"生产方式	弹性"专、精"
生产需求	低成本，高质量	以顾客为主、反应迅速
销售渠道	中间环节多、分销商多	中间环节少，分销商作用降低甚至消失
消费需求	价格低廉，质量上乘	个性化、多样化
技术与资源	相对集中	全球分布、优势互补
信息成本	高	低
竞争要素	数量	柔性、快速反应
经济增长动力	人口、资源	信息、科技

集群在周期演进过程中，集群网络呈现出阶段性的特征。在集群成熟期，不论是在横向企业之间，还是在纵向企业之间，企业数量都会呈现出一种稳定状态；然而从企业关系来看，这一时期并购和衍生也最为突出，并且企业之间横向合作、纵向合作关系也最为复杂，企业关系和企业行为也最具有代表性。因此，本书将以成熟期产业集群的供应链网络为主要研究对象，并以成熟期横向企业之间合作创新行为、纵向企业之间合作创新行为作为主要研究内容。

第四节　集群供应链网络结构特点及合作创新机理

一、集群式网络供应链的特点

产业集群作为空间下的组织形式，既有网络组织的特点，又有供应链系统的特征。换句话说，集群可以看成供应链系统与网络的有机结合体，正是因为在网络中嵌入了供应链和价值链,集群内部才会呈现纵向企业分工协作,横向具有完整产业链的组织形式。也正因为集群供应链的存在,才使得集群企业产品多元化和个性化,否则集群内企业合作将会被恶性竞争所取代。此外,供应链也只有具备了网络特征,才会使得集群这一组织具备较高的运作效率。所以,我们认为集群内的网络和价值链、供应链是一种有机的结合,而不仅仅是一些简单的功能堆砌。

集群供应链网络作为一种较新的组织形式,它具有以下三个特点:一是具有方向性。集群供应链网络上下游企业之间存在着广泛的联系,体现在网络中的信息流、资金流、物质流等方面,而这些有形的、无形的"流"表现为一种有序的方向性行为,这也体现了独立企业之间稳定的网络关系。二是具有网络结构性,在集群供应链网络内存在横向企业与纵向企业之间的分工协作关系,这两种关系本身就是一种纵横交错的网络结构,这与传统的线性供应链系统存在本质的区别。三是主导性,集群的产生和发展一般依赖于区域内某个大型主导企业,主导企业在区域内具有核心作用,其辐射能力可以汇聚众多中小企业到它周围,加速区域集聚,不断使集群自我完善、自我创新。可见,集群是某产业中的主导企业在某个特定的区域内通过扩展和创新功能构成的有向网络供应链系统——集群式供应链网络系统。

二、合作创新绩效影响度分析

美国的经济社会学家戈兰诺威特(1974)在研究中首次提出"关系强度"的概念,此后,网络关系强度一直是社会科学广阔研究领域中的一个焦点概念。随着 Hakansson(1987)[21]将网络分析模型拓展到企业组织以来,国内外学者逐渐关注关系强度理论在企业网络领域中的研究。随着相关研究的不断深入,网络关系强度理论研究被应用于个人、团体和企业等多个层面,特别是组织间合作、组织创新、资源交换和工作绩效等层面的研究日益流行。

产业集群供应链网络结构以轮轴式产业集群最为普遍,即产业集群内一般有一个或几个垂直一体化的大型企业作为集群核心,在其周围有大量的供应商、买方、配套企业相围绕。集群内企业之间的横向关联与纵向关联组成了复杂的供应链网络。在这个供应链网络中,主导企业与其上下游企业之间存在垂直合作创新关系,在横向层面上也存在竞争对手等部门的合作创新;垂直合作创新行为更多体现在供应商和买方之间在经验信息、交货时间、劳动培训、技术升级等方面的合作,横向合作创新行为更多体现在与竞争对手在新产品设计、技术升级、研发、市场营销、产品分配等方面的合作创新。供应链网络下集群企业合作创新如图4-3所示。

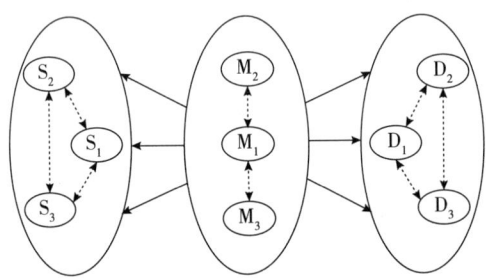

图 4-3 供应链网络下集群企业合作创新示意

图中 S、M、D 表示集群内企业节点,分别表示供应商节点、制造商节点、买方节点。其中 $S_1 S_2 S_3$,$M_1 M_2 M_3$,$D_1 D_2 D_3$ 间分别用虚线表示,虚线表示横向合作,实线表示纵向合作。

在供应链网络内,每个企业作为一个独立个体,都维持着稳定的网络关系,并且随着市场或政策环境的改变而不断调整自身行为。这里借鉴社会关系学中关系强度理论,依据合作交往时间、交易是否频繁、知识共享度、信息交换、组织之间关联度五个维度对创新合作进行量化分析。基于此,将合作创新行为分为强关系型合作创新与弱关系型合作创新。

企业弱关系型合作创新表现为短时间的交往、交易不频繁、知识共享程度低、信息交换不够深入,强关系则与之相反。一般来说,在强关系型合作创新中,企业之间联系密切、交易频繁、合作时间长久、信息交换广泛,更容易对问题达成共识,有利于形成相互信任,最终实现企业资源的积累与创新能力的不断提升,这在局部供应链网络内表现得较为明显;而弱关系型合作创新则不仅仅局限于单一的局域网络内,虽然信息交换不多,合作时间短暂,但由于突破了单一网络的限制,建立了更为广泛的横向联系,突破了局域网的封闭性,可以获取外部一些信息。所以,虽然弱关系型合作创新在网络中相对稀少,但对创新绩效也具有一定的影响。

从更微观的产业集群内单个企业来说,强关系型合作创新更多体现在与供应商或者买方之间,而弱关系型合作创新则更多体现在与竞争对手之间。这是由于集群内企业的地域性和根植性的特点,位于垂直链上更容易实现合作,双方关系密切度也容易提高。基于横向竞争关系的企业,一般不与竞争对手有太多深入、频繁的联系也可以获取自己所需要的信息,所以横向企业之间的合作创新更多是趋于弱关系型。

如上所述,集群企业合作创新行为关系强度对于横向、纵向之间影响各不相同。一方面,当强度过高时,企业组织可能因为过高资产专用性陷于一个封闭的网络,无法及时获得外部信息,同时对关系过度依赖也可能导致技术变迁陷于特定路径,从而降低创新效率;另一方面,如果强度过低,则使得合作中信任度降低,机会主义凸显,难以实现隐性知识共享,达不到合作的目的。因此,需要对合作创新进行深入研究,分析横向企业之间、纵向企业之间的合作与创新关系,厘清供应链网络下集群企业合作创新的关键问题。

第五节 太原市装备制造业集群的实证分析

一、样本描述

本书的调研数据主要来自太原市装备制造业集群的125家公司,包括铸造产业集群、锻造产业集群、不锈钢深加工产业集群、汽车工业产业集群四大产业集群。这是山西省从 2005 年开始着力培育的四大产业集群，也是太原市"十二五"和"十三五"规划期间重点集群建设的一部分。问卷在 2015 年 11 月发放，总共收回 180 份，其中可用的有 125 份，所列问题与近四年企业贸易相关联（2012~2015 年），题项内容涵盖了企业的业务背景、规模、收入、企业的研发、创新合作和供应链网络关系，特别是与主要的买家/客户、供应商以及在同一集群内的竞争对手之间的合作创新关系等方面。无论是创新还是合作所涉及的活动范围，均使用李克特五级量表的方式对数据进行量化。

二、模型及变量说明

本书的模型使用 De Propis（2002）[22]和 Freel、Harrison（2006）[23]构建的知识生产函数，模型如下：

$$创新 = \beta_1X_1 + \beta_2X_2 + \beta_3X_3 + \beta_4X_4 + \beta_5X_5 + \beta_6X_6 + \beta_7X_7 + \beta_8X_8 + \varepsilon_i \quad (4-1)$$

其中，X_1 为企业的规模，X_2 为企业科研投入量，X_3 为企业销售收入的增长率，X_4 为企业的成立时间，X_5 为企业的科研人员数，X_6 为与买方之间的合作水平，X_7 为与供应商之间的合作水平，X_8 为与竞争对手之间的合作水平。

分别从合作时间久度、合作交易频度、资源共享广度、信息交换深度以及组织之间合作力度五个维度构建变量，分别考察与供应商、买家/客户、竞争对手之间的合作创新强度。变量具体说明如表 4-3 所示。

表 4-3　变量说明

变量		构建变量所使用的方法
被解释变量	新产品开发创新	a 引进产品流水线的数量
		b 对现有产品流水线进行改变或提升的数量
	工艺流程创新	c 新设备或新技术引进生产过程的数量
		d 再生产过程中新投入的资源
		e 再生产过程中组织结构发生改变或改进的数量

续表

变量		构建变量所使用的方法
控制变量	公司规模	员工的数量（范围：1~5，1表示不到10人，2表示10~49人，3表示50~99人，4表示100~250人，5表示250人以上）
	科研支出	所占营业收入的百分比（范围：1~5，1表示1%~5%，2表示5%~10%，3表示10%~20%，4表示20%~30%，5表示大于30%）
	销售收入增长率	用1或0表示，1表示最近三年企业已经达到了销售收入增长的目标，否则用0表示
	企业成立时间	企业的年龄
	科研人员占员工总数比重	范围：1~5，1表示1%~5%，2表示5%~10%，3表示10%~20%，4表示20%~30%，5表示大于30%
解释变量	与买家的合作（产品创新）	a 合作时间
		b 新产品设计
		c 信息和经验的交流程度
	与买家的合作（流程创新）	d 市场营销和产品的分配
		e 交易频度
		f 技术升级
		g 生产经验和信息的交换
	与供应商的合作（产品创新）	a 投入质量的提高
		b 经验和信息的交换
	与供应商的合作（流程创新）	c 提高交货时间
		d 劳动培训
		e 生产组织
		f 技术升级
		g 信息或经验的交流
	与竞争对手的合作（产品创新）	a 合作时间久度
		b 新产品设计
		c 信息或经验的交流

续表

变量		构建变量所使用的方法
解释变量	与竞争对手的合作（流程创新）	d 市场营销和产品的分配
		e 劳动培训
		f 生产组织文化认同
		g 技术升级
		h 信息或经验的交流

注：所有的合作程度是用一个5点的量表来构建的，1表示没有合作，5表示具有很高水平的合作程度。

（一）被解释变量——创新变量

创新是一个很难被量化的变量，由于专利数量可获得性较好，相关文献多使用专利的数量作为创新的替代变量，然而很多大企业把它作为企业的一种防御战略，并不能反映真实产品创新状况，因此近年来很多研究都倾向于通过访谈和调查的方式得到客观的创新数据。

考虑到上述情况，本书采用 Molina-Morales（2006）[19]的方法，通过访问和调查，要求受访者表述最近三年里集群企业推出的各种创新活动，这里构建了三个创新框架。首先，构建了一个综合的创新方式，列于表4-3中的 a~e，这里提供了每个企业的整体创新水平的措施；其次，按照理论界既有的对创新类型的区分方式，将产品的创新和工艺流程的创新区分了出来，分别列于表4-3中的 a~b 和 c~e，以区分合作对这两种类型的创新不同程度的影响。

（二）解释变量——合作变量

本书中合作是基于集群供应链网络的一系列的活动，调查问卷中涉及题项包括集群内企业与主要买家之间的合作程度、与主要供应商之间的合作程度、与主要竞争对手之间的合作程度，并分别从合作时间久度、资源共享广度、合作交易频度、信息交换深度、组织间合作力度五个维度进行考察，使用 Likert 5级量表评分，要求受访者给出每一个测量项目的客观情况的符合程度，1表示没有合作，5表示合作程度很高。

(1) 与买家的合作。与买家的合作主要构建于表 4-3 中的"与买家的合作"，列于表中的 a~g，分别从资源共享广度、合作交易频度、信息交换深度以及组织之间合作力度等方面进行问题的设置，预期与买家深度合作可以促进创新（无论是在产品创新还是流程创新中）。

(2) 与供应商的合作。与供应商的合作见表 4-3 中的 a~g，分别从资源共享广度、合作交易频度、信息交换深度、组织间合作力度以及合作时间等方面进行题项设置，预期与供应商之间的合作对创新（无论是产品创新还是流程创新）有正向的作用。

(3) 与竞争对手的合作。横向合作体现在表 4-3 中的"与竞争对手的合作"部分，列于表中的 a~h，主要从资源共享广度、合作交易频度、信息交换深度以及合作时间等维度来设置题项。本书预期与高水平的横向合作可以促进创新，然而希特（1997）在集群创新文献中指出，横向合作的重要原因之一是为了避免浪费和重复。因此，与纵向合作相比，横向合作对创新的促进作用可能相对较小。

(三) 控制变量

相关研究表明，内部资源对企业的创新具有积极的作用。为了准确评价集群企业合作对创新的影响，这里设置了几个控制变量，诸如：企业销售收入的增长、企业成立时间、企业规模、科研人员数量、营业额比例等。通过将有控制变量和没有控制变量的回归结果进行比较，评价集群企业合作对创新的影响。

三、模型结果分析

为检验问卷的有效性和可靠性，首先需要进行信度分析。通过计算克朗巴哈（Cronbach）的 α 系数对变量组的信度进行评估。该系数越接近 1，表示变量组的信度越高，反之则表明这一组变量信度较低，必须重新对其进行调整。表 4-4 所示的克朗巴哈 α 系数是 0.807，明显大于 0.7，说明变量通过了信度检验。

表 4-4　信度分析结果汇总

N = 125	Mean	S.D	α
创新（综合）	13.31	3.40	0.800
产品创新	14.48	3.50	0.734
流程创新	12.14	3.33	0.737
公司规模	3.48	0.57	—
科研支出	1.66	0.47	—
销售收入增长率	0.71	0.45	—
企业成立时间	9.52	2.19	—
科研人员占员工总数比重	1.59	0.49	—
与买家的合作（综合创新）	3.10	0.615	0.807
与买家的合作（产品创新）	3.41	0.57	0.805
与买家的合作（流程创新）	2.78	0.66	0.808
与供应商的合作（综合创新）	2.95	0.615	0.807
与供应商的合作（产品创新）	3.28	0.62	0.806
与供应商的合作（流程创新）	2.62	0.61	0.807
与竞争对手的合作（综合创新）	1.70	0.545	0.807
与竞争对手的合作（产品创新）	1.81	0.60	0.805
与竞争对手的合作（流程创新）	1.58	0.49	0.806

在信度分析基础之上，对相关因素进行多元回归的分层回归分析，用来检验供应链网络集群企业间的纵向合作及横向合作对创新的影响。首先，分析控制变量对创新的影响；其次，在回归模型加入企业合作创新行为，在控制了其他变量的基础上，分析集群企业之间的创新合作关系。所做分层回归分析和相关检验如表 4-5 所示。

表4-5 回归分析结果

变量	综合创新 (N=125)		产品创新 (N=125)		流程创新 (N=125)	
	(1)	(2)	(1)	(2)	(1)	(2)
常数	-8.295 (0.369)	-13.058 (0.323)	-3.118 (0.293)	-4.809 (0.301)	-4.077 (0.331)	-5.669 (0.277)
公司规模	4.547 (0.393)	4.014 (0.347)	2.202 (0.366)	1.894 (0.315)	1.921 (0.334)	1.930 (0.335)
科研支出	6.524 (0.466)	6.872 (0.491)	3.274 (0.449)	3.335 (0.457)	3.459 (0.496)	3.658 (0.524)
销售收入增长率	2.118 (0.145)	2.068 (0.141)	0.777 (0.102)	0.676 (0.089)	1.017 (0.140)	1.214 (0.167)
企业成立时间	0.534 (0.176)	0.403 (0.133)	0.285 (0.180)	0.226 (0.143)	0.233 (0.154)	0.204 (0.135)
科研人员占员工总数比重	1.004 (0.074)	0.813 (0.060)	0.794 (0.113)	0.786 (0.112)	0.530 (0.079)	0.438 (0.065)
与买家的合作	0.52 (0.035)		0.265 (0.037)		0.003 (0.001)	
与供应商的合作	0.656 (0.050)		0.719 (0.103)		0.780 (0.129)	
与竞争对手的合作	-0.162 (-0.007)		0.057 (0.009)		-0.369 (-0.055)	
F (sig.)	84.530 (0.00)	42.097 (0.00)	84.073 (0.00)	54.224 (0.00)	56.214 (0.00)	36.998 (0.00)
R^2	0.818	0.840	0.817	0.827	0.749	0.765
Adjust R^2	0.808	0.820	0.808	0.811	0.736	0.744

从表 4-5 可以看出，方差膨胀因子的值都小于 1，说明模型中不存在多重共线性问题。通过方差分析，F 值所对应的显著性水平 sig. = 0.000 < 0.05，方差总体回归效果显著。

从集群供应链网络的视角来看，处于从成长期向成熟期过渡的山西省装备制造业集群企业的纵向合作创新为强关系型，而横向合作创新行为有向弱关系型发展的趋势，说明横向合作关系对创新的影响不是很明显。以往的学者也得出过类似的结论，集群企业之间的合作关系，尤其是垂直合作关系，对创新具有积极影响，说明太原市装备制造业集群内企业与供应商之间的合作对创新水平的影响非常显著。从产品创新方面来看，通过对企业更多资源的投入与知识溢出使得与供应商之间进行深入的合作。通过与上游企业的合作，使得技术、劳动力培训和生产组织之间不断进行调整，企业合作形成的正反馈效应和协同效应不断促进产品创新和流程创新。与客户合作可以确保产品的设计能满足客户要求和市场要求，同时也会促进企业之间的协同学习，使得一些公司获得接触到对方技术特长的机会，从而促进创新。

从结果可见，集群企业之间横向合作水平明显低于集群企业纵向合作水平，可能是由于集群地域性和根植性的特点，因此在垂直的生产链上更容易实现合作，纵向企业合作创新更接近于强关系型，而横向企业合作创新更接近于弱关系型；集群企业间的横向合作对创新的影响远高于流程创新；从综合创新的角度来看，横向合作对创新的影响不是很显著，这可能与创新环境有关；企业规模和企业的科研投入以及销售收入这三个控制变量对经济的增长影响是积极的，对创新具有显著的解释作用。

四、政策启示

本书主要研究内容包括三个方面：第一，主要是从供应链网络视角分析产业集群企业间的创新合作关系以及构成的网络结构，并分析了横向企业之间合作创新行为与纵向企业之间的合作创新行为；第二，借鉴"社会关系学"理论，根据双方合作时间久度、合作交易频度、资源共享广度以及信息交换深度将合作创新行为分为强关系型和弱关系型两种类型;第三,利用现有理论和模型,对横向企业和纵向企业之间的合作创新进行实证分析,应用 SPSS 17.0 软件对回收的 125 份有效问卷进行了信度分析、相关分析和回归分析等多种统计处理,得到如下结论:合作这一变量的引入提高了模型的拟合优度,集群内企业之间的合作关系,尤其是垂直合作关系,对创新的影响是积极和重要的;从供应链网络视角来看,纵向企业之间合作程度更密切,接近于强关系型合作创新,而横向企业合作创新则为弱关系型合作创新;控制变量中的科研支出、公司规模、销售收入三个变量对企业创新来说仍然是起主导作用,仍是企业创新的重要内部资源。

可见,集群合作强关系型主要作用于企业资源的积累与能力拓展的深度,而弱关系型则更多地影响着企业资源与能力的范围广度。然而,基于地理临近、文化认同、路径依赖等因素,产业集群中企业较少能突破区域生产系统与集群外部建立联系,企业之间的合作更多处于集群供应链网络之内。

随着我国经济快速发展,产业集群在很多地区不断涌现并蓬勃发展,但我国的产业集群普遍存在弱关系型合作,尤其是横向企业之间的合作,使得集群企业资源利用效率低下,难以发挥集群整体创新优势,合作创新网络发育不良,因此亟待强化横向企业之间、纵向企业之间的合作关系,促进深度创新合作。据此,提出以下政策建议:

第一,政府制定集群政策目标取向应以扶持产业集群内部企业之间实现合作化与网络化,并为之提供更好的公共资源和资本扶植。由于市场信息不对称和制度的缺失,会使得公共产品和资源难以得到充分保障,所以政策的着力点应以集群企业的有效需求或潜在需求服务为主,提供相关行业信息,并建立公平有效的对话机制等。此外,也可以学习西方发达国家建立创新联盟的方式,扶植引导中小企业进行合作创新,从而提高整个集群的创新水平和竞争能力。

第二,政府应当建立解决纠纷的良好机制,并为企业提供合作的联系渠道,但并不等于"拉郎配",具体合作伙伴的选择应由企业自主决策。

第三，集群本身是一个由众多参与者构成的网络，是具有复杂性和多样性的网络系统。产业集群创新网络的建设应更多依赖于产业集群内的企业、科研部门、政府部门、中介机构及金融部门等活动主体，制定相关政策促进集群创新网络建设。

需要说明的是，本章只是基于集群现在所处某一阶段进行的创新合作研究，并未对集群周期演化进行全面分析。而集群企业合作创新强度是一个动态变化过程，因此研究得出的结论具有局限性。此外，本书虽是以集群为主要研究对象，但对集群内企业所属行业并未进行区分，而不同行业企业之间的合作对创新的影响并不相同，这构成未来研究的重点。

参考文献

[1] Porter, M. E. Clusters and the New Economics of Competition [J]. Harvard Business Review, 1998, 76 (6): 77-90.

[2] [美] 克鲁格曼. 全球化有着什么样的影响？[J]. 李蕾译. 经济译文, 1997 (1): 11-14.

[3] 仇保兴. 小企业集群研究 [M]. 上海: 复旦大学出版社, 1999: 71-79.

[4] 王珺. 衍生型集群：珠江三角洲西岸地区产业集群生产机制研究 [J]. 产业经济评论, 2005 (2): 80-86.

[5] 魏守华, 王缉慈, 赵雅沁. 产业集群新兴区域经济发展理论 [J]. 经济经纬, 2002 (2): 18-20.

[6] 李君华, 彭玉兰. 产业集群与供应链管理的比较分析 [J]. 财经理论与实践, 2006 (2): 110-114.

[7] 周建等. 供应链组织的复杂适应特征及其推论 [J]. 运筹与管理, 2004, 13 (6): 120-124.

［8］霍佳震，吴群，谌飞龙. 集群供应链网络的联接模式与共治框架［J］. 中国工业经济，2007（10）：13-20.

［9］范旭等. 复杂供应链网络中的不确定性分析［J］. 复杂系统与复杂性科学，2006，3（3）：20-24.

［10］李凯，李世杰. 装备制造业集群网络结构研究与实证［J］. 管理世界，2004（12）：68-76.

［11］夏德，程国平. 企业集群与供应链的共生性研究［J］. 研究与发展管理，2003，15（6）：62-66.

［12］戚桂清等. 基于重复博弈的集群供应链网络竞合关系分析［J］. 东北大学学报，2006，27（2）：233-236.

［13］曹休宁，戴振. 产业集聚环境中的企业合作创新行为分析［J］. 经济地理，2009（8）：1323-1326.

［14］Richardson, G. B. The Organization of Industry［J］. The Economic Journal, 1972（9）：883-896.

［15］Von Hippel. The Dominant Role of the User in the Scientific Instruments Innovation Process［J］. Research Policy, 1976（5）：212-239.

［16］Brusco, S. The Emllian Model：Productive Decentralization and Social Integration［J］. Cambridge Journal of Economic, 1982, 6（2）：167-184.

［17］Ahuja, G. Cooladoration Networks, Structural Holes and Innovation：A Longitudinal Study［J］. Administrative Science Quarterly, 2000（45）：425-455.

［18］De, Propis L. Innovation and Inter-firm Co-opperation：The Case of The West Midlands［J］. Economics of Innovation and New Technology, 2000（9）：421-446.

［19］Molina-Morales, Teresa. Industrial Districts：Something More Than a Neighborhood［J］. Entrepreneurship and Regional Development, 2006, 18（6）：503-524.

[20] 仁寿根. 新兴产业集群与制度分割：以上海保税区新兴产业集群为例[J]. 管理世界, 2004 (2): 56-62.

[21] Hakansson H. Industrial Technological Development: A Network Approach [M]. London: Croom Helm, 1987: 127-245.

[22] De Propis. Types of Innovation and Inter-firms Cooperation [J]. Entrepreneurship and Regional Development, 2002, 14 (4): 337-353.

[23] Freel M. S., Harrison. Innovation and Cooperation in the Small Firm Sector: Evidence from Northern Britain [J]. Re-gional Studies, 2006 (40): 286-305.

附录：调查问卷

本问卷是太原科技大学经济管理学院进行的一项研究，旨在调查集群企业合作创新的影响机制，答案没有对与错，若有某个问题未能完全表达您的意见时，请勾选最接近您看法的答案。烦请您花几分钟时间填写问卷，非常感谢！您的回答对我们的研究结论非常重要，非常感谢您的热情帮助！本问卷纯属学术研究目的，内容不会涉及贵企业的商业机密问题，所获信息也不会用于任何商业目的，请您放心并尽可能客观回答。

请特别注意：请根据您最熟悉的一个合作企业，或您参与合作项目的对方企业，做出评价。

非常感谢您的合作！

一、企业基本情况

企业名称：

创立时间：

办公地址：

联系方式：

1. 企业主导业务所在行业领域（若为其他，请在后面写明）：_____

（1）高端装备制造业　　　　　（2）电子及通信设备制造

（3）新材料　　　　　　　　　（4）机械制造

（5）化工和纺织　　　　　　　（6）其他（　　　　）

2. 企业规模：_____

（1）少于 10 人　　　（2）10~49 人　　　（3）50~99 人

（4）100~249 人　　　（5）250~499 人　　（6）500~999 人

（7）1000 人以上

3. 科研支出所占营业收入的百分比：_____

(1) 1%~5%　　　　　(2) 5%~10%　　　　　(3) 10%~20%

(4) 20%~30%　　　　(5) 大于30%

4. 销售收入的增长率：_____

(1) 1——企业已经达到了销售收入增长目标

(2) 0——企业没有达到销售收入的增长目标

5. 技术与设计专业毕业生所占员工的比例：_____

科学工程与计算机毕业生所占员工的比例：_____

(1) 1%~5%　　　　　(2) 5%~10%　　　　　(3) 10%~20%

(4) 20%~30%　　　　(5) 大于30%

二、企业创新能力情况

1. 新产品开发创新

本企业近三年来所引进产品流水线的数量：_____

本企业近三年来对现有产品流水线进行改进的或提升的数量：_____

2. 工艺流程创新

本企业近三年来新设备或新技术引进生产过程的数量：_____

本企业近三年来在再生产过程中新投入的资源：_____

本企业近三年来在再生产过程中组织结构发生改变或改进的数量：_____

三、集群企业合作情况 （所有的合作程度是用一个5点的量表来构建的，1表示没有合作，5表示具有很高水平的合作程度）

1. 产学研情况

我们用于科研投入资金充足：_____

我们与客户、供应商以及其他企业的联系非常密切：_____

我们与科研院所、高校以及技术中介组织的联系非常密切：_____

我们在提出新项目开发时，能够得到客户或供应商的迅速响应：_____

我们在行业生产或技术问题上形成的认识显著地影响着合作伙伴：_____

2. 与供应商—客户合作情况

（1）合作时间久度

我们与供应商之间的非正式交流非常频繁：_____

我们与供应商之间的正式交流持续了很多年：_____

我们与供应商之间的非正式交流持续了很多年：_____

我们与客户之间的非正式交流非常频繁：_____

我们与客户之间的正式交流持续了很多年：_____

我们与客户之间的非正式交流持续了很多年：_____

（2）资源共享广度

我们与供应商都认为需要对方的资源来完成目标：_____

我们与供应商提供的资源对对方是非常有价值的：_____

合作过程中，我们与供应商都迅速投入资源，这些资源得到充分整合：_____

为了合作的成功，我们与供应商都愿意投入所需的资源：_____

我们与客户都认为需要对方的资源来完成目标：_____

我们与客户提供的资源对对方都非常有价值：_____

合作过程中，我们与客户都迅速投入资源，这些资源得到充分整合：_____

为了合作成功，我们与客户都愿意投入所需要的资源：_____

（3）信息交换深度

我们与供应商关于投入资源质量方面合作程度：_____

我们与供应商之间关于提高交货时间的合作程度：_____

我们与供应商之间就劳动培训方面的合作程度：_____

（4）合作交易频度

我们与供应商在生产产品经验和信息交换上的合作：_____

我们与供应商之间关于技术升级方面的合作：_____

3. 与竞争对手的合作情况

（1）组织合作力度

我们与供应商和客户的组织流程是兼容的：_____

与竞争对手在产品营销方面有协议：_____

再生产组织上本企业与竞争对手有密切合作：_____

本企业与外包企业联系度密切：_____

本企业的知识溢出可以及时传递到外包企业：_____

认同企业组织文化：_____

（2）信息交换深度

与竞争对手在新产品设计方面有密切合作：_____

与竞争对手在信息和经验方面共享：_____

与竞争对手在技术升级方面有合作：_____

（3）资源共享广度

即使缺少联系，也了解竞争者的情况：_____

我们当地具有企业间交流的公共渠道或平台：_____

（4）合作时间久度

我们与竞争对手之间的非正式交流非常频繁：_____

我们与竞争对手之间的正式交流持续了很多年：_____

我们与竞争对手之间的非正式交流持续了很多年：_____

第五章　产业集群制度创新与技术创新融合研究

第一节　引　言

改革开放以来，中国很多区域由于自身禀赋优势和强大的政策优势，在循环因果机制的作用下，形成了数千个产业集群，在区域经济体系中表现出了非凡活力。在中国几乎所有经济繁荣的地区都可以发现处于不同阶段的产业集群的作用，产业集群成为支撑区域经济的"龙脉"。波特等（2000）[1]指出，集群一旦开始形成就处于动态演化中，具有自我强化的特征，但会因为外部威胁等以及内部僵化而失去竞争力，甚至衰亡。后危机时代，中国产业集群正在经历这一动态演化。由于中国大多数集群是经济全球化过程中国际分工格局的产物，多被俘获于价值链加工制造环节中，整体位于全球价值链的低端，产业集群亟待升级（刘志彪、张杰，2009）[2]。

在此背景下，很多学者对中国产业集群困境及升级路径进行了研究。其中，基于产业集群的技术创新效应研究备受关注。很多学者认同由企业聚集引发的技术创新是集群发展演化的重要红利来源之一。

一是产业集群技术创新水平的研究。李正卫等（2003）[3]、张秀武等（2008）[4]、施卫东（2010）[5]、赵骅等（2011）[6]从高技术产业专利申请量、新产品销售收入占产品总销售收入比、累计专利授权数目以及集群企业产品单位成本下降幅度等方面对集群技术创新水平进行了评价,总体上认为集群发展及演化与技术创新呈正相关;张昕和李廉水(2007)[7]通过截面数据发现,知识的专业化溢出对医药、电子及通信设备制造业的区域创新存在积极影响,多样化溢出对医药制造业区域创新绩效的影响为正,对电子及通信设备制造业的影响为负;张杰、刘志彪和郑江淮(2007)[8]使用江苏省342家制造业企业数据研究了产业链定位、分工和聚集效应对企业创新强度的影响,发现聚集效应并未成为激发集群创新动力的有机载体;史修松(2008)[9]的研究结果表明,高技术产业聚集对促进区域创新效率的作用并不明显,且不同行业之间有所区别。此外,随着集群的发展演变,一些集群的技术创新陷入某种囚徒困境,其原因在于集群内外溢效应的存在强化了企业对创新成果的"搭便车"动机,集群企业会竞相模仿生产相同品质的产品,造成创新回报偏低,创新投入无法收回,形成路径依赖与技术锁定,因而成为集群升级的主要障碍(张小蒂、张弛,2010)[10]。

二是中国产业集群制度创新水平方面的研究。刘军等(2010)[11]、蔡玮等(2010)[12]分别采用非国有经济固定资产投资占各地区固定资产投资比重、集群环境监管制度情况等指标测度集群制度创新,由于这类研究采用不同的测算指标,对集群制度创新的研究具有不同的结果,且结果之间缺乏可比性;霍丽、惠宁(2007)[13]认为产业集群是一种减少交易成本的制度安排,通过打破既有的制度结构,选择运行费用较低的制度模式,以实现经济的增长与发展。正式制度的供给主体政府通过强制性制度创新和诱致性制度创新促使产业集群形成,非正式制度则是通过信任文化背景下的网络关系孕育着产业集群。为了促进产业集群的发展,进而提升区域产业的竞争能力,必须强化制度供给弥补制度需求,形成稳定的制度结构,使集群与制度相互促进,不断发展。

三是制度创新与技术创新二者关系的理论研究。无论是技术创新还是制度创新,都不可能是孤立运行的,两者紧密相连,相互影响。一方面,集群技术创新是制度创新的原因和动力。技术创新导致规范经济效益的改变和劳动、资本等资源的节约,从而使得社会总收入提高,并诱致新制度的产生。另一方面，制度创新是技术创新的支撑和保障，制度创新通过提供把交易费用降低到可操作程度的法律、秩序，有效地推动技术创新。拉坦（1978）认为，技术创新与制度创新之间相互影响、相互依赖，必须在一个持续的相互作用的逻辑中进行分析。制度创新是指能使创新者获得追加利益的现存制度的变革（诺斯，1976）；邓宏图等（2006）[14]定性分析了企业集群效应依存于制度与技术之间的平衡互适性以及制度与技术是否处在正反馈的演化路径上；王艾青（2005）[15]论证了技术创新与制度创新的内在逻辑关系：制度创新为技术创新、产业创新提供条件，推动生产函数向生产可能性边界靠近，技术创新通过制度创新进行扩散，进而扩展为产业创新；徐英吉等（2007）[16]用熵理论和耗散结构理论，研究了企业的技术创新与制度创新的不同组合对企业持续性和成长性的影响，并推导出企业进行技术创新和制度创新的最佳时间临界点；李晓伟（2009）[17]从国家创新体系的层面研究分析了技术创新和制度创新的相互作用，他认为技术和制度均是现实经济改善的关键因素，两者之间互相依赖、互相促进，共同构成了促进经济增长的动力源泉。

近年来，我国创新系统的主要不和谐之处就在于滞后的制度创新，应把制度创新作为改革的切入点，迅速推进技术创新与制度创新之间的融合，早日实现创新型国家的梦想。刘丹等（2011）[18]在研究煤炭城市产业转型问题时，从创新协同驱动的崭新视角出发，构建了基于技术创新、制度创新和煤炭城市发展新生命周期的三维创新体系，同时提出了一条通过协同关系优化煤炭城市产业结构的"演化式"发展思路；辛枫冬（2009）[19]认为知识创新与技术创新、制度创新、管理创新共同构成了创新行为演进的主要形式，它们是同一创新过程不可分割的几个方面。

综上，产业集群层面的研究以产业集群与技术创新或产业集群与制度创新为主，关于技术创新与制度创新互动关系理论的研究只见于企业维度和国家层面。产业集群升级红利应来源于两者的融合与匹配。相关研究表明，产业集群的技术创新若缺乏制度创新融合和协同，技术创新的"闭锁"效应就会显现，而只进行集群制度创新而无技术创新，制度创新则会成为"无米之炊",集群升级在一定程度上取决于技术创新与制度创新融合和匹配。相关研究主要研究两者之间的关系,均未涉及两者之间的融合问题。尽管鲜有集群技术创新与制度创新融合的理论及测度实证研究,但融合问题在很多领域都存在,比如研究区域差距的趋同和收敛问题(林毅夫,1998[20];蔡昉,2000[21];洪兴建,2010[22])、工业化与信息化融合问题(谢康等,2012[23];谢康等,2009[24])。同时,也有一些相关的研究得到了一些有意义的结论,这使得我们可以借鉴有关融合的研究方法。

改革开放至今,我国出现了越来越多的产业集群,产业集群的技术创新与制度创新是否具有一定的融合?融合路径与质量如何?这种融合对于集群升级又具有怎样的影响?对于以上问题还没有相关的理论与实证研究。因此,本书借鉴前述其他方向有关融合的研究方法,构建集群技术创新与制度创新融合模型,使用中国具有代表性的产业集群(2004~2011年)数据及参数回归等方法,深入分析产业集群技术创新和制度创新的单向融合和双向融合,以期探究产业集群升级过程中存在的问题,更好地为政府制定有关产业集群政策提供参考。

第二节 产业集群技术创新与制度创新融合的实证分析

一、理论模型

(一) 模型说明

产业集群的技术创新与制度创新构成一个动态的均衡经济体。两者彼此有一个兼容空间,当制度创新(技术创新)的发展速率大于技术创新(制度创新)的演变速率时,技术创新活动(制度创新)必须在制度创新(技术创新)的压力下做出一个连续性、适应性的反应,以使制度创新和技术创新在新的高度实现均衡。两者的相互作用及重要性将随着产业、时间、地点发生变化。产业集群升级红利来自于两者之间的互动和融合水平。

(二) 变量说明

根据文献对有关集群技术创新变量测度的归纳分析，用来衡量技术创新的指标很多，诸如新产品开发项目数目和新产品收入比重、专利数量等。但在《区域统计年鉴》、中国产业集群网以及中小企业信息网等渠道中还缺乏以集群为维度的新产品开发项目和新产品收入比重等，由于存在一些专利并未转化为新产品的情况，遂使用集群企业出口产品的技术复杂度、技术创新实际发生的数量（诸如研发支出、技术人员占有率以及产品出口额）来弥补专利测度的不足。本书使用集群企业总体的专利数量、研发支出、技术人员占有率以及产品出口额来测度集群技术创新变量。

(三) "制度创新" 的衡量指标值得商榷

所选择的指标缺乏相应的理论依据，选取的理由不充分。因而，测算的结论是否可靠值得怀疑。

二、产业集群制度创新变量

产业集群作为一种在一定区域内大量相关企业、支撑机构和服务组织在地理空间上聚集而成的经济形态，就是一种减少交易成本的制度安排。产业集群的形成与发展既包含了正式制度安排，也有普遍道德、风俗习惯等非正式制度因素，正式制度和非正式制度创新在集群发展中同样起着重要的作用（Krugman，1991）。

首先，政府是正式制度创新的主体，通过强制性制度创新（各类地区产业政策）和诱致性制度创新（各种税收、土地经济、财政补贴等方面的优惠政策）重构与市场经济体制要求相吻合的一系列基本制度关系和行为制度，促进产业集群的演化和升级。据此，本书使用税收优惠额占总税收百分数、政策导向开放度、企业出口退税率作为对正式制度创新的替代变量。其次，一个地区能否出现产业集聚，实质上与这个地区的非正式制度因素有很大关系。非正式制度通过构建以信任为基础的区域文化，由此而形成企业的关系网络，增强企业抵御风险的能力，创造各种基于资源与技术共享的合作氛围，提高企业的研发和创新能力，还可以突破自身能力的局限，实现各种优势互补。非正式制度的创新本质上是一种产业（企业）间交易、分工合作的创新，这种创新具有一定的弹性，并且具有围绕正式制度而进行自发调整的特点。一般来说，集群网络是指由集群企业、高校及科研院所、中介机构、金融机构及其他公共服务机构基于信任关系构成的网络（王缉慈，2001）[25]。据此，本书采用产学研合作项目占集群总科研项目的比例、国外科研机构占总研发机构的比例、使用中介机构增长率、网络覆盖率、用户投诉成功解决率、风险投资增长率指标作为非正式制度的测度指标。

众所周知，集群网络包括主网络和辅助网络。主网络是由核心集群企业构成，辅助网络是由公共服务机构、中介机构等服务机构等构成。集群主、辅网络体本质上是一种产业（企业）间交易、分工合作的创新，是为了节约交易费用、提高经济效益、提高企业抵抗风险能力而产生的制度形式，体现了非正式制度对集群的影响。非正式制度具有一定的弹性和灵活性，并具有围绕正式制度而进行自发调整的特点。

三、样本与数据

根据每个省市拥有的集群数量、行业的全面性以及数据的可得性，本书在2008年选出的中国百佳竞争力产业集群中选取了六省一市的16个产业集群。浙江省：皮鞋产业集群、印刷产业集群、家用小电器产业集群、木业及家具产业集群、汽车摩托车配件产业集群；广东省：纺织产业集群、通信电子产业集群、珠宝首饰加工产业集群、汽车制造产业集群；江苏省：动漫产业集群、集成电路产业集群；山西省：焦化产业集群、不锈钢产业集群；四川省：白酒产业集群；河南省：食品产业集群；上海市：金融服务产业集群。

此外，由于调查问卷获取的方式主观性较强，为了保证模型实证分析质量，本书数据收集均来自《区域统计年鉴》、全国经济普查主要数据公报、中国产业集群网以及中小企业信息网等。

四、模型与方法

产业集群的技术创新与制度创新融合是两者相互影响、相互作用的非线性叠加演化过程。融合所引致的竞争和协同行动力量，促使集群内部产生更小的摩擦、更好的发展效果和更高的经济效益，集群的发展趋向于整体性和稳定性，最终形成一种新的有序结构。制度创新和技术创新的融合是集群的一种重要维生机制，融合水平越高，集群的发展水平就越高。可见，融合是集群发展的技术效率的体现。这里集群的技术效率是指在既定制度条件下技术创新投入成本最小化，或在既定技术创新条件下制度创新投入成本最小化。据此，本书假设：技术创新与制度创新融合是两者相互作用和促进以实现集群升级的过程或状态。集群升级状态定义为：在既定技术创新条件下制度创新投入成本最小化，或在既定制度创新条件下技术创新投入成本最小化，技术创新与制度创新融合点是集群升级过程中总成本最小化点。

借鉴谢康（2005）[26]的趋同模型，融合既是一个过程（用融合系数 r 表示），也是一种过程状态（用融合水平或融合位置 X 表示）。这里假设技术创新与制度创新融合状态 X_i^j 表示制度创新（$i=1$）或技术创新（$i=2$）在 j 阶段末所处的位置，令初始位置上 $X_1^0=a$，$X_2^0=b$，且在初始位置上制度创新融合状态一般低于技术创新融合状态，令 $a<b$。

产业集群技术创新和制度创新彼此有一个兼容空间，当制度创新（技术创新）的发展速率大于技术创新（制度创新）演变的速率时，技术创新活动（制度创新）必须在制度创新（技术创新）的压力下做出一个连续性、适应性的反应，以使制度创新和技术创新在新的高度实现均衡。这里设融合系数 r_1 描述技术创新促进制度创新的融合速度，融合系数 r_2 描述制度创新带动技术创新的融合速度。

据徐英吉（2008）[27]所设模型及其假设，在两个趋同系统之间，影响力越大的系统向影响力小的系统的趋同速度越小。在技术创新促进制度创新路径中，制度创新更积极地与技术创新的实际水平相匹配，更主动地去适应技术创新的发展，这意味着技术创新促进制度创新的融合系数小于制度创新带动技术创新的融合系数，即融合系数 $r_1<r_2$，反之则 $r_1>r_2$。此外，两者的相互作用及重要性将随产业、时间、地点的变化而发生变化。

借鉴谢康（2012）[23]等对两化融合的研究方法，本书假设理想状态条件下产业集群的技术创新与制度创新融合不存在摩擦成本，刻画融合的理想状态。假设经第一轮融合后，集群升级初始状态 X_1^0 和 X_2^0 的位置分别变化为 X_1^1 和 X_2^1。同理，经过 n 轮融合后，初始状态 X_1^0 和 X_2^0 的位置分别为 X_1^n 和 X_2^n。

对于技术创新促进制度创新融合路径，根据融合系数的意义——$r_1<r_2$，则第 n 阶段末制度创新和技术创新的融合状态分别为：

$$X_1^n = X_1^{n-1} + r_1(X_2^{n-1} - X_1^{n-1}) = (1-r_1)X_1^{n-1} + r_1 X_2^{n-1} \quad (5-1)$$

$$X_2^n = X_2^{n-1} + r_2(X_1^{n-1} - X_2^{n-1}) = (1-r_2)X_2^{n-1} + r_2 X_1^{n-1} \quad (5-2)$$

以上两个式子表明，集群升级状态可以理解为技术创新和制度创新融合的过程，也是一种状态。在理想状态条件下，产业集群的技术创新（制度创新）每一次融合的变化量为制度创新（技术创新）上一阶段与技术创新（制度创新）之差与其融合系数的乘积，即 $r_1(X_2^{n-1}-X_1^{n-1})$ 和 $r_2(X_1^{n-1}-X_2^{n-1})$。其中，融合系数反映融合的水平和过程，位置反映集群升级的技术创新与制度创新融合的状态。

我们将上述两式定义为理想状态条件下技术创新促进制度创新的进化方程，要证明融合，只需证明 $\lim_{n \to \infty} X_1^n = \lim_{n \to \infty} X_2^n$，令矩阵 $A = \begin{bmatrix} 1-r_1 & r_2 \\ r_1 & 1-r_2 \end{bmatrix}$，得到：

$$\begin{bmatrix} X_1^n \\ X_2^n \end{bmatrix} = A \begin{bmatrix} X_1^{n-1} \\ X_2^{n-1} \end{bmatrix} = A^2 \begin{bmatrix} X_1^{n-2} \\ X_2^{n-2} \end{bmatrix} = \cdots = A^n \begin{bmatrix} X_1^0 \\ X_2^0 \end{bmatrix} \tag{5-3}$$

求解 A^n。可以证明 $\lim_{n \to \infty} X_1^n = \lim_{n \to \infty} X_2^n = \frac{r_2}{r_1+r_2}a + \frac{r_1}{r_1+r_2}b$，原命题得证。

对于制度创新带动技术创新融合路径，由融合系数的意义——$r_1 > r_2$ 以及对称性，其进化方程与式（5-1）和式（5-2）形式一致，讨论同上。

综上所述，式（5-1）和式（5-2）描述了理想状态条件下产业集群技术创新与制度创新融合的理想路径。融合模型结果表明，要判断集群技术创新与制度创新融合质量，需要从融合过程中现实状态与理想状态的偏离度来观察。现实中可统计观察的融合结果是摩擦成本冲击下经协调成本调整后的结果，相当于现实状态下的融合结果。可见，如何估计集群制度创新与技术创新升级的理想融合水平成为定量分析的关键。本书以所有产业集群在同一年度的最大单向融合系数作为该年度理想的融合水平。由于产业集群的技术创新和制度创新总是存在一些不能观测的随机因素，遂将集群效应、时间效应以参数形式纳入融合方程中，建立产业集群升级的技术创新与制度创新融合的模型。具体地，记 TI_{it} 代表集群 i 在年份 t 集群技术创新的实际水平，II_{it} 代表集群 i 在年份 t 集群制度创新的实际水平，根据两者相互融合的特征，设定集群制度创新带动技术创新融合、技术创新促进制度创新融合的模型分别为：

$$TI_{it} = TI'_{it} + \varepsilon_{it} = f(II_{it}, i, t) + \varepsilon_{it} \tag{5-4}$$

$$II_{it} = II'_{it} + \varepsilon_{it} = g(TI_{it}, i, t) + \varepsilon_{it} \tag{5-5}$$

其中，$TI'_{it} = f(II_{it}, i, t)$ 表示集群制度创新所要求的技术创新的理想水平，相当于理想状态条件下的技术创新水平，刻画制度创新带动技术创新的路径；$II'_{it} = g(TI_{it}, i, t)$ 表示集群技术创新发展所要求的制度创新的理想水平，刻画技术创新促进制度创新的路径。两者均为未知的非参数函数，且集群效应、时间效应以参数形式进入参数函数中；ε_{it} 是一个随机扰动项。为了公式的直观性，记 $y_{it} = TI_{it}$，$x_{it} = II_{it}$。则式（5-4）与式（5-5）

可表示为：

$$y_{it}=f(x_{it}, i, t)+\varepsilon_{it} \tag{5-6}$$

$$x_{it}=g(y_{it}, i, t)+\varepsilon_{it} \tag{5-7}$$

集群 i 制度创新带动技术创新的融合，反映了制度创新水平 II_{it} 所要求的技术创新水平与样本中所有集群 $\{j=1, 2, \cdots, n\}$ 在同一时间 t 以同样的制度创新水平 II_{it} 所要求的最大可能技术创新水平的差距，较小的差距说明制度创新带动技术创新的融合程度较高。由此及上述 $\hat{f}(x, i, t)$ 的参数估计，集群 i 在时间 t 制度创新带动技术创新的融合系数可定义为：

$$IC1=\exp\left[\hat{f}(II_{it}, i, t)-\max_{j=1,\cdots,n}\hat{f}(II_{it}, j, t)\right] \tag{5-8}$$

同理，由式（5-8）中 $\hat{g}(x, i, t)$ 的参数估计，集群 i 在时间 t 技术创新促进制度创新的融合系数可定义为：

$$IC2=\exp\left[\hat{g}(TI_{it}, i, t)-\max_{j=1,\cdots,n}\hat{g}(TI_{it}, j, t)\right] \tag{5-9}$$

式（5-8）反映了既定集群制度创新水平下技术创新投入成本最小化的思想。同理，式（5-9）反映了既定集群技术创新水平下制度创新投入成本最小化的思想。同时，两者也体现了集群技术创新偏离和制度创新偏离的理论假设。

借鉴王维国（1998）[28]协调发展系数判断方法，测算技术创新与制度创新的融合系数公式如下：

$$IC_{it}=\frac{\min\{IC1_{it}, IC2_{it}\}}{\max\{IC1_{it}, IC2_{it}\}} \tag{5-10}$$

式（5-10）反映了制度创新带动技术创新、技术创新促进制度创新两个单向系统融合之间的差距，差距越小越接近 1。融合系数 IC=1 表示完全融合，0<IC<1 表示未达到完全融合。因为现实中 r 和 X 是难以观察到具体量化的变量，所以我们在实证模型中以融合系数 IC1、IC2 和 IC 作为融合系数 r 的代理变量。

第三节　实证分析

一、对集群升级的制度创新和技术创新融合系数的测算

首先，对样本数据进行主成分分析得到的技术创新因子与制度创新因子的得分值分别作为两者的实际值；其次，为反映参数回归对估计结果的影响，使用参数回归法对式（5-3）和式（5-4）进行估计。如表5-1、表5-2所示，在 $\alpha = 0.01$ 置信水平下，估计了2004~2011年中国16个产业集群制度创新带动技术创新和技术创新促进制度创新的融合系数（即水平 IC1 和 IC2）。本书制定融合系数的界定范围是：$IC < 0.5$ 为非融合状态；$0.5 \leqslant IC < 0.7$ 为中级融合状态；$0.7 \leqslant IC < 0.8$ 为良好融合状态；$IC \geqslant 0.8$ 为优质融合状态。

表5-1　2004~2011年各个产业集群制度创新带动技术创新的融合系数

集群＼年份	2004	2005	2006	2007	2008	2009	2010	2011
皮鞋	0.5972	0.5255	0.7208	0.4553	0.6811	0.6200	0.5897	0.5744
纺织	0.7207	0.9384	0.7891	0.6489	0.8784	0.7439	0.7549	0.6938
通信电子	0.4478	0.5305	0.4948	0.4261	0.6589	0.5174	0.5156	0.4977
珠宝首饰加工	0.3695	0.3810	0.4016	0.2707	0.3711	0.3217	0.3039	0.2888
动漫	0.4626	0.5479	0.5634	0.4926	0.6325	0.5867	0.5004	0.5735
印刷	0.4136	0.4804	0.5502	0.4332	0.6482	0.5231	0.5544	0.4810
家用小电器	0.4136	0.3874	0.4060	0.2990	0.5121	0.3986	0.4525	0.4064
木业及家具	1.0000	1.0000	1.0000	1.0000	1.0000	0.8495	0.8164	0.7767

续表

集群＼年份	2004	2005	2006	2007	2008	2009	2010	2011
焦化	0.4682	0.4928	0.5155	0.5155	0.5802	0.5691	0.5590	0.5693
白酒	0.4192	0.4464	0.4685	0.3547	0.5031	0.4266	0.4016	0.3859
汽车制造	0.4000	0.4900	0.5140	0.4196	0.6051	0.5255	0.4195	0.4008
汽车摩托车配件	0.5646	0.5532	0.5701	0.6288	0.6268	0.6233	0.5776	0.5807
金融服务	0.8368	0.8678	0.9177	0.7567	0.9625	1.0000	1.0000	1.0000
食品	0.4154	0.4611	0.5144	0.3855	0.5512	0.5020	0.4629	0.4510
不锈钢	0.3906	0.4640	0.5485	0.4302	0.5249	0.5267	0.4442	0.4059
集成电路	0.5389	0.5726	0.5422	0.4444	0.6792	0.5899	0.5620	0.5413
平均	0.5287	0.5712	0.5948	0.4976	0.6509	0.5828	0.5572	0.5392

表 5-2　2004~2011 年各个产业集群技术创新促进制度创新的融合系数

集群＼年份	2004	2005	2006	2007	2008	2009	2010	2011
皮鞋	0.3588	0.3754	0.3097	0.3196	0.3667	0.0605	0.2961	0.3317
纺织	0.2444	0.1416	0.3789	0.3505	0.3767	0.0557	0.2603	0.2354
通信电子	0.5643	0.4984	0.4128	0.3787	0.4389	0.0773	0.3850	0.4308
珠宝首饰加工	0.7643	0.9854	0.7022	0.6710	0.9890	1.0000	1.0000	1.0000
动漫	0.7640	0.8999	1.0000	1.0000	0.9016	0.1353	0.8837	0.8121
印刷	0.5972	0.7315	0.7649	0.6694	0.9016	0.1347	0.6254	0.5782
家用小电器	0.7613	0.7899	0.6901	0.6754	1.0000	0.1531	0.7398	0.8745
木业及家具	0.8953	0.8565	0.7560	0.7360	1.0000	0.1534	0.7393	0.8721
焦化	1.0000	1.0000	0.8686	0.9004	0.5259	0.1467	0.7621	0.8635
白酒	0.7895	0.8214	0.7473	0.9871	0.9871	0.4058	0.7477	0.8651
汽车制造	0.7244	0.8426	0.7193	0.6977	0.7863	0.6849	0.1390	0.8071

续表

集群\年份	2004	2005	2006	2007	2008	2009	2010	2011
汽车摩托车配件	0.6127	0.6385	0.5567	0.5607	0.6559	0.1156	0.5553	0.6275
金融服务	0.7402	0.7724	0.6822	0.6000	0.6819	0.1117	0.5602	0.5569
食品	0.6447	0.5095	0.5246	0.5714	0.6666	0.1145	0.5153	0.5528
不锈钢	0.8506	0.7880	0.7053	0.6848	0.7790	0.1390	0.6818	1.0000
集成电路	0.8270	0.9795	0.8362	0.7861	0.9554	0.1820	0.8959	0.8857
平均	0.6962	0.7269	0.6659	0.6618	0.7508	0.2294	0.6117	0.7058

根据样本数据，通过式（5-10）测算了2004~2011年我国16个产业集群技术创新与制度创新融合系数（见表5-3）。

表5-3　2004~2011年各个产业集群技术创新与制度创新融合系数

集群\年份	2004	2005	2006	2007	2008	2009	2010	2011
皮鞋	0.6008	0.7134	0.3297	0.7051	0.5384	0.0976	0.5021	0.5755
纺织	0.3391	0.1509	0.4802	0.5401	0.4288	0.0749	0.3448	0.3393
通信电子	0.7935	0.9395	0.8343	0.8888	0.6661	0.1494	0.7467	0.8656
珠宝首饰加工	0.4951	0.3866	0.5719	0.4034	0.3752	0.3217	0.3039	0.2888
动漫	0.6055	0.6088	0.5634	0.4926	0.7015	0.2139	0.6639	0.7062
印刷	0.6920	0.6567	0.7193	0.6471	0.7192	0.2575	0.8865	0.8319
家用小电器	0.5433	0.4904	0.5883	0.4427	0.5121	0.3841	0.6117	0.4647
木业及家具	0.8953	0.8565	0.7560	0.7360	1.0000	0.1806	0.9056	0.8906
焦化	0.4682	0.4928	0.5935	0.5725	0.9064	0.2578	0.7335	0.6593
白酒	0.5310	0.5435	0.6269	0.3593	0.5097	0.9512	0.5371	0.4461
汽车制造	0.5522	0.5815	0.7146	0.6014	0.7696	0.7672	0.3313	0.4966

续表

年份　集群	2004	2005	2006	2007	2008	2009	2010	2011
汽车摩托车配件	0.9215	0.8664	0.9765	0.8917	0.9556	0.1855	0.9614	0.9254
金融服务	0.8846	0.8901	0.7434	0.7929	0.7085	0.1117	0.5602	0.5569
食品	0.6413	0.9050	0.9806	0.6747	0.8269	0.2281	0.8983	0.8158
不锈钢	0.4592	0.6961	0.7777	0.6282	0.6727	0.2639	0.6515	0.4059
集成电路	0.6510	0.5846	0.6484	0.5653	0.7109	0.3085	0.6273	0.6112
平均	0.6296	0.6477	0.6815	0.6214	0.6876	0.3095	0.6416	0.6175

二、结果分析

(一) 集群的制度创新和技术创新的融合原因分析

根据测算结果可知，中国产业集群制度创新带动技术创新路径、技术创新促进制度创新路径及技术创新与制度创新融合均没有达到最优状态，与完全融合均存在一定距离；除 2009 年外，样本期（2004~2011 年）8 年内，木业及家具产业集群、通信电子产业集群与汽车摩托车配件产业集群具有较高的融合水平，基本均处于优质协调状态；食品产业集群表现很好，基本处于上升态势；珠宝首饰加工产业集群除在 2006 年、纺织产业集群除在 2007 年处在中级协调状态外，其他年份均处于非融合状态；各产业集群在不同年份融合水平存在相对的不稳定性。从整体显示来看，大部分产业集群在 2009 年技术创新与制度创新均处在非融合的状态，可能是由于 2008 年金融危机滞后效应影响的结果。

(二) 集群的制度创新和技术创新的融合趋势分析

根据上述产业集群的融合系数平均值，绘制 2004~2011 年我国产业集群技术创新与制度创新融合系数趋势图（见图 5-1）。

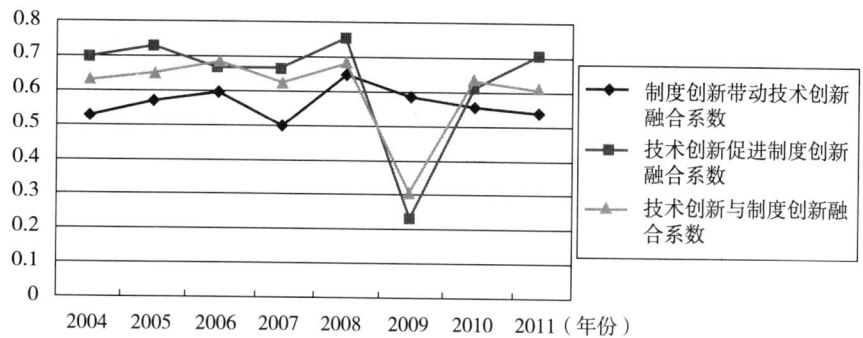

图 5-1　2004~2011 年我国产业集群技术创新与制度创新融合系数趋势

可以看到，在两条基本路径和总体融合中，产业集群中技术创新促进制度创新的融合程度最高，两者相互融合次之，制度创新带动技术创新的融合水平最低；2004~2006 年、2007~2008 年产业集群内的技术创新、制度创新两条基本的融合路径和总体融合的水平均有提高；2006~2007 年三者均有所下降、2009 年迅猛下跌为最低水平；各个产业集群技术创新与制度创新融合过程中的两条基本路径和总体融合水平周期震荡性大，具有周期大约为 4 年的间断平衡性。

此外，产业集群技术创新促进制度创新的融合系数对于制度创新与技术创新融合两条曲线一致性较好，制度创新带动技术创新的融合系数对于两者之间相互融合的一致性较差，说明制度创新随着经济形势变化调整的能力较差。

（三）各集群技术创新与制度创新融合的平均水平分析和相关性检验

根据 16 个产业集群制度创新带动技术创新路径、技术创新促进制度创新的融合系数的测算结果，并对式（5-7）、式（5-8）、式（5-9）估计后求年均值，以及两者融合系数的平均水平，并对平均融合系数进行排序，得到关于各产业集群制度创新与技术创新单向及互动融合的平均水平（见表 5-4）。

表 5-4 2004~2011 年各产业集群技术创新与制度创新融合的平均水平

集群\系数	制度创新带动技术创新融合系数	排序	技术创新促进制度创新融合系数	排序	技术创新与制度创新融合系数	排序
皮鞋	0.5955	4	0.3023	15	0.5078	13
纺织	0.7710	3	0.2554	16	0.3372	16
通信电子	0.5111	9	0.3983	14	0.7355	4
珠宝首饰加工	0.3385	16	0.8890	1	0.3933	15
动漫	0.5450	8	0.7996	2	0.5695	10
印刷	0.5105	10	0.6254	10	0.6763	6
家用小电器	0.4095	15	0.7105	7	0.5047	14
木业及家具	0.9303	1	0.7511	6	0.7776	2
焦化	0.5337	7	0.7584	5	0.5855	9
白酒	0.4258	14	0.7939	3	0.5631	12
汽车制造	0.4718	11	0.6752	9	0.6018	7
汽车摩托车配件	0.5906	5	0.5404	12	0.8355	1
金融服务	0.9177	2	0.5882	11	0.7338	5
食品	0.4679	12	0.5124	13	0.7463	3
不锈钢	0.4669	13	0.7037	8	0.5694	11
集成电路	0.5588	6	0.7935	4	0.5884	8

从结果来看，金融服务产业集群、纺织产业集群、汽车摩托车配件产业集群的技术创新促进制度创新的融合系数较低；珠宝首饰加工产业集群、动漫产业集群、家用小电器产业集群、汽车制造产业集群、白酒产业集群、不锈钢产业集群的制度创新带动技术创新的融合系数较低。印证了假设 2，证明了当制度创新滞后时，集群升级取决于制度创新；技术创新滞后时，集群升级取决于技术创新。

在显著性水平为 0.1 的情况下，对技术创新促进制度创新融合平均系数、制度创新带动技术创新融合平均系数以及技术创新与制度创新融合系数进行了相关性检验（Kendall 检验），结果如表5-5所示。

表5-5 相关性检验

			制度创新带动技术创新融合系数	技术创新促进制度创新融合系数	技术创新与制度创新融合系数
Kendall 检验	制度创新带动技术创新融合平均系数	相关系数	1.000	0.214	0.500
		Sig.（双侧）	—	0.458	0.083
		N	8	8	8
	技术创新促进制度创新融合平均系数	相关系数	0.214	1.000	0.429
		Sig.（双侧）	0.458	—	0.138
		N	8	8	8
	技术创新与制度创新融合系数	相关系数	0.500	0.429	1.000
		Sig.（双侧）	0.083	0.138	—
		N	8	8	8

由表5-5可见：两个系统单方向上的融合平均系数的相关性检验不显著，表明两者之间存在不相关性；和技术创新与制度创新融合系数相比，制度创新带动技术创新融合与技术创新促进制度创新融合两者之间显著性水平为0.083，具有较高的相关性。这种不平衡性说明，相对于技术创新促进制度创新融合路径，我国各个产业集群制度创新带动技术创新融合路径和技术创新与制度创新融合具有更为紧密的关系。较为典型的集群如中国金融服务产业集群，其制度创新带动技术创新融合分别位于16个产业集群的第2位，两种路径相互融合水平也位于16个产业集群前茅（第5位），但技术创新促进制度创新融合位于全国倒数第6位。此外，不同区域存在一定的差异。一般来说，经济发达地区的产业集群处于较好的融合水平。

三、集群技术创新与制度创新融合对集群绩效的影响

集群技术创新与制度创新融合究竟对于集群的绩效有没有影响？融合的结果质量如何？本部分使用面板数据固定效应模型非参数估计方法对上述问题进行实证检验。本部分采用集群产值占地区总产值的比值、集群资产负债率占地区总资产负债率的比值、集群产出与能源消耗量占集群产出的比值即单位 GDP 能耗三个指标作为对集群绩效的测度，能耗用集群每年使用万吨标准煤进行衡量。据此，建立如下非参数面板数据固定效应模型：

$$Z = \alpha(IC_{it}) + \eta_i + \varepsilon_{it} \qquad (5-11)$$

其中，Z 为集群绩效变量，IC 为集群技术创新与制度创新融合系数变量，$\alpha(IC_{it})$ 为待估计的非参数函数，反映融合系数 IC 与绩效 Y 的函数关系，η_i 设置为各集群的固定效应，ε_{it} 为模型的随机扰动项。$\alpha(IC_{it})$ 和 $\alpha'(IC_{it})$ 作为融合水平所要求的平均绩效和融合对绩效的平均边际影响，具体结果见表 5-6。

表 5-6 技术创新与判断创新融合对集群绩效影响估计

集群绩效指标	$\alpha(IC_{it})$	标准差	$\alpha'(IC_{it})$	标准差
集群产值占比	0.365	0.043	0.036	0.012
集群资产负债率占比	0.074	0.006	-0.0069	0.009
集群能耗占比	0.44	0.056	-0.0002	0.046

从结果可见：集群技术创新与制度创新融合指数对于集群产值占地区总产值的比值的平均值的平均边际影响为 0.036，且在 1% 的置信水平下显著，这说明集群技术创新与制度创新融合指数每增加一个百分点，集群产值占地区总产值的比值的平均值增加近 3.6 个百分点，说明集群技术创新与制度创新融合对于集群发展具有一定的影响作用；集群技术创新与制度创新融合对于集群资产负债率占地区总资产负债率的比值的平均影响为

负，符合理论预期，在10%的水平下显著，说明集群技术创新与制度创新融合对于成本下降起到一定的作用；集群技术创新与制度创新融合对于单位产出能耗的影响系数为-0.0002，符号与预期一致，但在10%的水平下也不显著，说明融合对于集群可持续发展变量还没有起到应有的作用，还存在较大的提升空间。

第四节　结论及建议

本章在相关研究基础上，在中国产业集群亟待转型升级的背景下，探索性地提出产业集群升级红利应来源于两者的融合与匹配，构建了集群技术创新和制度创新融合测度模型，分析了集群技术创新与制度创新融合的路径与质量。具体地，使用16个具有代表性的产业集群（2004~2011年）数据，使用参数回归等方法，计算了每个产业集群从技术创新促进制度创新、制度创新带动技术创新视角的单向融合系数。实证结果表明：样本产业集群制度创新带动技术创新路径、技术创新促进制度创新路径及技术创新与制度创新融合均没有达到最优状态；产业集群中技术创新促进制度创新的融合程度最高，两者相互融合次之，制度创新带动技术创新的融合水平最低；总体融合水平周期震荡性大，具有周期大约为4年的间断平衡性；此外，相关性检验表明，制度创新带动技术创新融合与技术创新促进制度创新融合两者之间显著性水平为0.083，证明了产业集群制度创新带动技术创新融合路径与两者的融合具有更为紧密的关系。

研究结果表明了集群升级的状态与两种创新融合的内在关联，证明了相对于集群技术创新促进制度创新的融合路径，制度创新带动技术创新融合与技术创新与制度创新融合具有较高的相关性和较一致的动态关系；同时也表明了整体集群效应的实现取决于制度创新能力和技术创新能力，只有这两类要素的创新能力或要素水平之间具有良好的互适匹配性，才能避免"制度—技术互动"的"里昂惕夫陷阱",获得更好的集群效应。因此,在既定市场不完善的约束条件下,地方政府应承担"制度"与"技术"之间的协调功能。对此提出以下建议:

第一,经过20多年的发展,中国产业集群技术创新与制度创新有了一定融合,且对于地区经济增长有显著的正向作用,但大部分集群还远没有实现深度融合。研究证明了集群升级的状态与两种创新融合的内在关联,证明了相对于集群技术创新与制度创新的融合路径,制度创新带动技术创新融合与技术创新促进制度创新融合具有较高的相关性和较一致的动态关系。分析结果启示我们需要在区域集群发展实践中,尤其是中西部地区的集群和资本密集型行业应继续坚定不移地推进集群的技术创新与制度创新的深度融合,摒弃传统的重技术轻制度的态度和倾向,认识到集群制度创新相比于技术(知识)创新滞后度较强时,制度对技术演进的适应性变迁将有助于摆脱集群困境。这就要求各级政府一方面通过正式制度以提供相应的制度供给,构造与市场经济体制要求相吻合的基本制度关系和行为规则,诸如:运用税收政策、投资政策、产业政策等引导集群企业提高自主创新能力;引导集群企业在产权制度、激励制度、补偿制度等方面的制度创新,为集群技术创新提供制度保障,提高集群的整体创新能力;通过政策优惠鼓励或资助建设各类专业服务机构,并为集群企业之间、集群企业与大学、研究机构以及中介机构之间的产学研合作牵线搭桥,推进技术扩散和集群的集体学习,为集群升级提供公共技术平台。以此来促进产业集群内部技术创新与制度创新的深度融合,化解集群发展过程中不断积累的衰退风险,减少集群发展演化波动,促进集群升级。

第二,产业集群升级过程与状态依存于制度与技术之间的平衡互适性,应该关注不同地区不同行业集群发展演化中技术创新与制度创新的协同和融合的差异,制定分层分类的地区集群升级的差别化政策,通过促进集群技术创新和制度创新的协同和融合,推动集群升级。

第三,构造与市场经济体制要求相吻合的基本制度关系和行为规则,促进集群非正式制度的发展,为技术创新提供支撑和保障,诸如:制定鼓励中介机构以及金融机构的发展、促进产学研合作、提高科研成果转化率等政策，培育集群创新网络，提升集群技术创新水平，技术创新的不断提升又反过来诱致新的制度产生，推动产业集群技术创新与制度创新不断深度融合，而深度融合势必能够进一步促进集群的可持续发展。

参考文献

[1] 迈克·E.波特，郑海燕，罗燕明.簇群与新竞争经济学[J].经济社会体制比较，2000：21-31.

[2] 刘志彪，张杰.从融入全球价值链到构建国家价值链：中国产业升级的战略思考[J].经济学前沿，2009（41）：59-68.

[3] 李正卫，吴晓波，郑健壮.基于规模和集群之上的企业技术创新行为研究[J].科研管理，2003（4）：61-65.

[4] 张秀武，胡日东.产业集群与技术创新——基于中国高技术产业的实证检验[J].科技管理研究，2008（7）：534-537.

[5] 施卫东.城市金融产业集聚对产业结构升级影响的实证分析——以上海为例[J].经济经纬，2010（6）：132-136.

[6] 赵骅，李雁.龙头企业主导型企业集群技术创新模式分析——考虑技术溢出的距离衰减效应[J].科研管理，2011（6）：156-164.

[7] 张昕，李廉水.制造业聚集、知识溢出与区域创新绩效——以我国医药、电子及通讯设备制造业为例的实证研究[J].数量经济技术经济研究，2007（8）：35-43.

[8] 张杰，刘志彪，郑江淮.中国制造业企业创新活动的关键影响因素研究——基于江苏省制造业企业问卷的分析[J].管理世界，2007（6）：64-74.

[9] 史修松.我国高技术产业分布、区域创新及相关性分析[J].科

学学与科学技术管理，2008（9）：114-118.

［10］张小蒂，张弛. 产业集群组织创新与动态比较优势构建——以浙江绍兴为例［J］. 浙江大学学报（人文社会科学版）预印本，2010（8）：79-87.

［11］刘军，李廉水，王忠. 产业聚集对区域创新能力的影响及其行业差异［J］. 科研管理，2010（6）：191-198.

［12］蔡玮，付祥，彭建华. 基于序列链模型的中部区域创新绩效的评价与比较［J］. 财经理论与实践，2010（4）：91-95.

［13］霍丽，惠宁. 制度优势与产业集群的形成［J］. 经济学家，2007（4）：71-75.

［14］邓宏图，康伟. 地方政府、制度、技术外溢与企业集群的默示性知识——以转轨期天津自行车企业集群的演化为例［J］. 管理世界，2006（2）：63-70.

［15］王艾青. 技术创新、制度创新与产业创新的关系分析［J］. 当代经济研究，2005（8）：31-34.

［16］徐英吉，徐向艺. 技术创新和制度创新的组合对企业持续成长的影响——基于熵理论和耗散结构理论的视角［J］. 财经科学，2007（9）：82-89.

［17］李晓伟. 技术创新与制度创新的互动规律及其对我国建设创新型国家的启示［J］. 科技进步与对策，2009（17）：1-4.

［18］刘丹，鲁永恒. 煤炭城市产业转型的三维体系研究——基于技术创新与制度创新协同驱动视角［J］. 科技进步与对策，2011（23）：87-90.

［19］辛枫冬. 论知识创新与制度创新、技术创新、管理创新的协同发展［J］. 宁夏社会科学，2009（3）：47-50.

［20］林毅夫. 市场化程度决定地区发展差异［J］. 领导决策信息，1998（10）：1-11.

［21］蔡昉. 农村劳动力转移存在四大障碍［N］. 人民日报，2000-

08-21.

[22] 洪兴建. 中国地区差距、极化与流动性 [J]. 经济研究, 2010 (12): 82-96.

[23] 谢康, 肖静华, 周先波, 乌家培. 中国工业化与信息化融合质量: 理论与实证 [J]. 经济研究, 2012 (1): 4-16.

[24] 谢康, 肖静华, 乌家培. 中国工业化与信息化融合的环境、基础和道路 [J]. 经济学动态, 2009 (2): 28-31.

[25] 王缉慈. 集群战略的公共政策及其对中国的意义 [J]. 中外科技信息, 2001 (11): 3-6.

[26] 谢康. 系统不确定性、趋同与优化——论非系统中的管理科学问题 [J]. 中山大学学报 (社会科学版), 2005 (2): 90-96.

[27] 徐英吉. 基于技术创新与制度创新协同的企业持续成长研究 [D]. 山东大学博士论文, 2008.

[28] 王维国. 协调发展的理论和方法研究 [D]. 东北财经大学博士论文, 1998.

附录 A 温州市鹿城区皮鞋产业集群相关数据

年份 指标	2004	2005	2006	2007	2008	2009	2010	2011
专利增长率	0.25	0.2	0.333	0.382	0.45	0.474	0.496	0.518
研发投入年度增长率	0.4	0.735	1.45	0.102	0.22	0.492	0.26	0.296
技术人员占比	0.069	0.086	0.091	0.101	0.099	0.13	0.118	0.136
产品出口总额占总收入之比	0.45	0.51	0.523	0.671	0.699	0.709	0.658	0.713
中介机构增长率	0.11	0.241	0.326	0.427	0.448	0.523	0.539	0.625
网络覆盖率	0.585	0.724	0.784	0.826	0.951	0.973	0.975	0.982
用户投诉解决成功率	0.053	0.094	0.139	0.202	0.307	0.417	0.621	0.867
风险投资增长率	0.008	0.013	0.25	0.473	0.876	1.159	1.291	1.158
产学研合作项目占集群项目的比例	0.079	0.088	0.129	0.106	0.113	0.119	0.197	0.231
国外科研机构占总研发机构比例	0	0.154	0.2	0.286	0.256	0.333	0.357	0.389
税收优惠额占总税收百分比	0.05	0.0631	0.095	0.124	0.205	0.214	0.183	0.196
政策导向开放度	0.25	0.25	0.332	0.286	0.375	0.363	0.385	0.389

附录 B 佛山市纺织产业集群相关数据

年份 指标	2004	2005	2006	2007	2008	2009	2010	2011
专利增长率	0.101	0.126	0.4	0.68	0.578	0.577	0.616	0.657
研发投入年度增长率	1.387	2.438	1.378	0.446	0.787	1.069	0.307	0.822
技术人员占比	0.085	0.981	0.106	0.114	0.121	0.132	0.136	0.192
产品出口额占总收入之比	0.356	0.399	0.488	0.674	0.696	0.721	0.745	0.75
中介机构增长率	0.111	0.167	0.238	0.269	0.091	0.25	0.289	0.276
网络覆盖率	0.614	0.644	0.688	0.716	0.745	0.79	0.842	0.89
用户投诉解决成功率	0.6	0.772	0.782	0.8	0.82	0.864	0.892	0.9
风险投资增长率	0.536	0.867	0.884	0.876	1.502	1.216	1.537	1.236

附录C 广州市番禺区通信电子产业集群相关数据

指标 \ 年份	2004	2005	2006	2007	2008	2009	2010	2011
专利增长率	0.333	0.5	0.5	0.111	0.3	0.376	0.472	0.638
研发投入年度增长率	0.312	0.792	0.333	0.949	0.767	0.835	0.807	0.184
技术人员占比	0.13	0.146	0.241	0.214	0.231	0.175	0.241	0.24
产品出口额占总收入之比	0.35	0.36	0.539	0.51	0.621	0.742	0.75	0.759
中介机构增长率	0.435	0.571	0.636	0.5	0.185	0.125	0	0.042
网络覆盖率	0.72	0.78	0.81	0.85	0.9	0.94	0.96	0.97
用户投诉解决成功率	0.038	0.121	0.249	0.32	0.331	0.489	0.512	0.63
风险投资增长率	0.19	0.438	0.698	0.712	0.755	0.795	0.8	0.895

附录 D 广州市花都区珠宝首饰加工产业集群相关数据

年份 指标	2004	2005	2006	2007	2008	2009	2010	2011
专利增长率	0.231	0.188	0.421	0.444	0.205	0.234	0.278	0.297
研发投入年度增长率	0.204	0.464	0.807	0.537	0.164	0.997	0.56	0.269
技术人员占比	0.065	0.067	0.056	0.087	0.094	0.08	0.1	0.114
产品出口额占总收入之比	0.12	0.151	0.174	0.184	0.194	0.216	0.239	0.342
中介机构增长率	0.333	0.387	0.167	0.428	0.6	0.75	0.571	0.795
网络覆盖率	0.48	0.53	0.59	0.67	0.71	0.82	0.89	0.92
用户投诉解决成功率	0.59	0.615	0.635	0.78	0.88	0.945	0.945	0.96
风险投资增长率	0.378	0.568	1.025	0.586	0.304	1.119	0.852	0.597

附录 E 江苏省常州市动漫产业集群相关数据

指标 \ 年份	2004	2005	2006	2007	2008	2009	2010	2011
专利增长率	0.108	0.153	0.169	0.351	0.359	0.399	0.357	0.399
研发投入年度增长率	0.205	0.659	0.897	1.298	1.982	1.42	1.308	1.259
技术人员占比	0.353	0.369	0.412	0.462	0.462	0.669	0.51	0.561
产品出口额占总收入之比	0.021	0.026	0.07	0.031	0.033	0.033	0.037	0.039
中介机构增长率	0.063	0.091	0.25	0.267	0.421	0.333	0.361	0.224
网络覆盖率	0.86	0.89	0.94	0.95	0.96	0.97	0.97	0.98
用户投诉解决成功率	0.232	0.388	0.482	0.524	0.516	0.624	0.728	0.828
风险投资增长率	0.102	1.224	1.193	0.7	0.878	0.273	1.164	0.442

附录 F 温州市苍南县印刷产业集群相关数据

指标 \ 年份	2004	2005	2006	2007	2008	2009	2010	2011
专利增长率	0.273	0.286	0.611	0.517	0.523	0.328	0.056	0.043
研发投入年度增长率	0.127	0.465	0.477	0.802	0.25	0.115	0.353	0.455
技术人员占比	0.042	0.054	0.075	0.115	0.124	0.143	0.154	0.168
产品出口额占总收入之比	0.56	0.342	0.417	0.426	0.488	0.512	0.524	0.574
中介机构增长率	0.05	0.095	0.261	0.517	0.727	0.632	0.016	0.095
网络覆盖率	0.48	0.54	0.69	0.84	0.88	0.92	0.97	0.99
用户投诉解决成功率	0.012	0.019	0.033	0.064	0.126	0.33	0.786	0.805
风险投资增长率	0.274	0.691	0.661	0.77	0.423	0.158	0.808	0.562

附录 G 宁波市宁海县家用小电器产业集群相关数据

指标 \ 年份	2004	2005	2006	2007	2008	2009	2010	2011
专利增长率	0.273	0.286	0.111	0.3	0.269	0.152	0.184	0.378
研发投入年度增长率	0.078	0.099	0.14	0.724	0.109	0.936	0.36	0.179
技术人员占比	0.133	0.104	0.121	0.115	0.125	0.126	0.112	0.143
产品出口额占总收入之比	0.426	0.496	0.465	0.54	0.42	0.052	0.065	0.062
中介机构增长率	0.556	0.357	0.437	0.586	0.185	0.093	0.057	0.081
网络覆盖率	0.79	0.86	0.87	0.91	0.93	0.96	0.97	0.97
用户投诉解决成功率	0.386	0.542	0.765	0.828	0.867	0.891	0.902	0.913
风险投资增长率	0.145	0.126	0.047	0.232	0.174	0.154	0.545	1.159

附录 H 嘉兴市海宁市木业及家具产业集群相关数据

指标 \ 年份	2004	2005	2006	2007	2008	2009	2010	2011
专利增长率	0.132	0.167	0.429	0.6	0.5	0.333	0.75	0.4
研发投入年度增长率	0.714	1.167	1	1.678	0.171	0.335	0.611	0.166
技术人员占比	0.099	0.099	0.113	0.124	0.125	0.078	0.138	0.165
产品出口额占总收入之比	0.354	0.421	0.463	0.5	0.563	0.598	0.612	0.625
中介机构增长率	0.5	1.333	0.571	0.09	0	0.5	0.071	0.067
网络覆盖率	0.56	0.58	0.64	0.68	0.82	0.85	0.9	0.94
用户投诉解决成功率	0.35	0.4	0.47	0.64	0.76	0.82	0.84	0.86
风险投资增长率	0.364	0.733	0.846	1.017	0.444	0.822	0.714	1

附录Ⅰ 长治市潞城区焦化产业集群相关数据

指标 \ 年份	2004	2005	2006	2007	2008	2009	2010	2011
专利增长率	0.667	0.7	0.529	0.192	0.355	0.288	0.355	0.56
研发投入年度增长率	0.361	0.379	0.582	1.283	0.035	0.171	0.528	0.869
技术人员占比	0.123	0.154	0.159	0.175	0.198	0.246	0.241	0.276
产品出口额占总收入之比	0.142	0.156	0.175	0.175	0.182	0.198	0.21	0.29
中介机构增长率	0.5	0.667	0.812	0.831	0.881	0.901	0.132	0.168
网络覆盖率	0.61	0.68	0.71	0.72	0.79	0.8	0.87	0.88
用户投诉解决成功率	0.4	0.51	0.61	0.68	0.74	0.76	0.81	0.86
风险投资增长率	0.33	0.58	0.651	0.828	0.173	0.76	0.81	0.86
产学研合作项目占集群项目的比例	0.2	0.25	0.308	0.325	0.241	0.423	0.481	0.375
国外科研机构占总研发机构比例	0.071	0.118	0.15	0.16	0.156	0.159	0.167	0.184
税收优惠额占总税收百分比	0.048	0.059	0.12	0.142	0.153	0.146	0.169	0.214
政策导向开放度	0.25	0.167	0.182	0.222	0.214	0.267	0.28	0.226

附录 J 成都市白酒产业集群相关数据

指标 年份	2004	2005	2006	2007	2008	2009	2010	2011
专利增长率	0.15	0.214	0.324	0.356	0.4	0.429	0.448	0.488
研发投入年度增长率	0.245	0.251	0.312	0.326	0.368	0.205	0.32	0.571
技术人员占比	0.084	0.089	0.097	0.098	0.103	0.112	0.119	0.134
产品出口额占总收入之比	0.16	0.169	0.176	0.189	0.214	0.154	0.167	0.186
中介机构增长率	0.152	0.187	0.187	0.206	0.213	0.251	0.254	0.268
网络覆盖率	0.54	0.55	0.62	0.66	0.79	0.82	0.85	0.96
用户投诉解决成功率	0.248	0.32	0.335	0.386	0.465	0.472	0.549	0.625
风险投资增长率	0.25	0.276	0.5	0.712	0.81	1.02	1.14	1.1

附录 K 广州市番禺区汽车制造业产业集群相关数据

指标 \ 年份	2004	2005	2006	2007	2008	2009	2010	2011
专利增长率	0.231	0.25	0.4	0.321	0.369	0.263	0.052	0.248
研发投入年度增长率	0.173	0.326	0.367	0.427	0.446	0.512	0.23	0.21
技术人员占比	0.076	0.084	0.088	0.091	0.12	0.126	0.152	0.16
产品出口额占总收入之比	0.1	0.124	0.135	0.154	0.163	0.168	0.159	0.176
中介机构增长率	0.037	0.074	0.172	0.529	0.308	0.162	0.177	0.204
网络覆盖率	0.67	0.69	0.72	0.78	0.85	0.93	0.96	0.97
用户投诉解决成功率	0.665	0.723	0.741	0.782	0.815	0.851	0.862	0.886
风险投资增长率	0.19	0.438	0.698	0.712	0.755	0.795	0.801	0.895

附录 L 温州市瓯海区汽车摩托车配件产业集群相关数据

指标 \ 年份	2004	2005	2006	2007	2008	2009	2010	2011
专利增长率	0.182	0.193	0.2	0.333	0.292	0.484	0.457	0.224
研发投入年度增长率	0.063	0.1	0.203	0.258	0.192	0.069	0.158	0.408
技术人员占比	0.253	0.337	0.175	0.19	0.196	0.18	0.243	0.273
产品出口额占总收入之比	0.298	0.319	0.267	0.336	0.42	0.375	0.384	0.437
中介机构增长率	0.2	0.333	0.444	0.5	0.667	0.444	0.423	0.423
网络覆盖率	0.6	0.76	0.84	0.86	0.89	0.91	0.93	0.96
用户投诉解决成功率	0.472	0.49	0.584	0.612	0.668	0.676	0.852	0.88
风险投资增长率	0.132	0.154	0.145	0.24	0.358	0.538	0.63	0.785

附录 M 上海市浦东区金融服务产业集群相关数据

年份 指标	2004	2005	2006	2007	2008	2009	2010	2011
专利增长率	0.2	0.216	0.218	0.227	0.265	0.253	0.258	0.301
研发投入年度增长率	0.201	0.269	0.317	0.213	1.004	0.468	0.289	0.393
技术人员占比	0.06	0.095	0.099	0.12	0.14	0.112	0.172	0.173
产品出口额占总收入之比	0.36	0.368	0.46	0.456	0.35	0.312	0.351	0.381
中介机构增长率	0.1	0.1	0.212	0.2	0.083	0.478	0.162	0.038
网络覆盖率	0.97	0.98	0.98	0.99	1	1	1	1
用户投诉解决成功率	0.557	0.608	0.738	0.854	0.96	0.96	0.96	0.96
风险投资增长率	1.245	1.786	1.278	0.083	1.04	0.304	1.249	0.492

附录 N 漯河市食品产业集群相关数据

年份 指标	2004	2005	2006	2007	2008	2009	2010	2011
专利增长率	0.026	0.031	0.075	0.103	0.162	0.165	0.389	0.194
研发投入年度增长率	0.426	0.836	0.154	0.276	0.215	0.201	0.308	0.281
技术人员占比	0.086	0.09	0.114	0.125	0.137	0.156	0.241	0.343
产品出口额占总收入之比	0.065	0.076	0.071	0.071	0.073	0.073	0.077	0.095
中介机构增长率	0.009	0.103	0.109	0.128	0.1	0.352	0.244	0.351
网络覆盖率	0.3	0.34	0.38	0.49	0.68	0.81	0.86	0.87
用户投诉解决成功率	0.189	0.258	0.482	0.624	0.681	0.742	0.766	0.892
风险投资增长率	0.289	0.303	0.242	0.329	0.378	0.294	0.418	0.44
产学研合作项目占集群项目的比例	0.083	0.12	0.137	0.138	0.166	0.169	0.209	0.241
国外科研机构占总研发机构比例	0.032	0.053	0.005	0.061	0.077	0.071	0.086	0.097
税收优惠额占总税收百分比	0.105	0.112	0.132	0.139	0.14	0.144	0.18	0.19
政策导向开放度	0.028	0.051	0.071	0.074	0.09	0.108	0.101	0.106

附录 O 太原市不锈钢产业集群相关数据

指标\年份	2004	2005	2006	2007	2008	2009	2010	2011
专利增长率	0.103	0.142	0.188	0.263	0.25	0.333	0.056	0.039
研发投入年度增长率	0.114	0.146	0.374	0.479	0.571	0.266	0.365	0.398
技术人员占比	0.097	0.102	0.114	0.13	0.13	0.165	0.186	0.214
产品出口额占总收入之比	0.214	0.242	0.268	0.268	0.302	0.353	0.421	0.424
中介机构增长率	0.095	0.125	0.222	0.273	0.286	0.333	0.292	0.29
网络覆盖率	0.31	0.33	0.38	0.45	0.53	0.63	0.75	0.89
用户投诉解决成功率	0.43	0.49	0.565	0.6	0.695	0.81	0.845	0.895
风险投资增长率	0.086	0.158	0.386	0.566	0.634	0.676	1.036	1.526

附录 P 无锡市集成电路产业集群相关数据

指标 \ 年份	2004	2005	2006	2007	2008	2009	2010	2011
专利增长率	0.168	0.25	0.25	0.28	0.313	0.333	0.366	0.211
研发投入年度增长率	0.147	0.147	2.856	1.365	1.687	0.69	1.072	0.237
技术人员占比	0.154	0.168	0.185	0.215	0.231	0.287	0.286	0.346
产品出口额占总收入之比	0.354	0.366	0.381	0.385	0.41	0.432	0.244	0.462
中介机构增长率	0.058	0.083	0.154	0.2	0.222	0.295	0.316	0.253
网络覆盖率	0.74	0.78	0.84	0.87	0.91	0.96	0.97	0.98
用户投诉解决成功率	0.44	0.468	0.582	0.58	0.694	0.732	0.764	0.846
风险投资增长率	0.09	0.435	0.6	0.66	2.017	1.16	1.094	0.424

第六章 企业技术创新效率、科技成果转化率与区域收入差距

第一节 问题的提出与文献回顾

改革开放以来,在经济快速增长的同时区域收入差距不断扩大,由此区域差距成为政府与学界关注的热点话题。相关研究证明了物质资本(Chow、Lin,2002[1])、产业聚集(李国平等,2003[2])、要素结构(林毅夫等,2003[3])、制度因素(Chen、Fleisher,1996[4];)、金融发展(倪鹏飞等,2014[5])等因素都会影响区域收入差距。但新增长理论告诉我们,区域差距可以归因于技术创新差异,发达地区通过不断地技术创新获得竞争优势,扩大区域差距;后发地区可以通过对发达区域的技术模仿获得技术溢出,缩小区域差异。虽然近年来我国区域差距开始缩小,但在新常态条件下,如何通过企业技术创新实现区域生产要素在空间上的合理配置,推动区域协调发展,仍然是需要重点关注的理论与现实问题。

Zweimuller(2000)[6]研究了收入差距对创新绩效的影响,结果表明,收入差距的扩大会导致技术创新行为的减少;李平、李淑云、许家云(2012)[7]使用中国各区域的面板数据对中国区域收入差距与自主创新之间关系的研究,发现收入差距与自主创新之间呈倒"U"型关系。这与近年来中国区域经济差距开始呈现的倒"U"型变化趋势一脉相承,那么它们

之间存在因果关系吗？此外，区域技术创新效率仅是考虑了从技术创新投入转化创新成果的效率，而技术创新成果转化为具有经济价值的产品还需要分析科技成果转化率指标。那么，企业作为区域创新的主体，从微观企业创新全过程出发的创新效率与区域差距又存在怎样的关系？

综合来看，相关研究均是在新古典和新增长框架下的研究，并没有考虑空间因素，这对于研究区域差距关系存在一定的局限性，同时也缺乏从创新完整过程出发，分析企业技术创新、科技成果转化率的空间配置效率及其对区域经济收入差距影响的有关研究。本书认为，空间经济学模型具有分析区域经济空间变动的独特优势，该模型能很好地刻画科技创新对于区域聚集力与分散力的影响，从而揭示经济要素空间流动与区域经济增长的关系。据此，首先，本书拟在空间经济学框架下，从贸易自由度的角度出发，建立科技创新效率、科研成果转化率变动引致的要素空间流动的理论模型，分析该模型的基本结论及其空间经济学含义；其次，在测算科技创新效率与科研成果转化率的基础上，利用中国省区数据，使用数值模拟、动态面板 GMM 及处理效应模型对理论模型进行检验，根据实证模型结果，阐释政策含义。

第二节 企业技术创新效率、科研成果转化率对经济空间分布影响的理论分析

一、模型假设及变量设定

虽然空间经济学 FC 模型较好地解释了资本流动对于贸易自由度进而对区域经济空间结构的影响机制，但是该对称的模型对于解释以技术创新效率引致的经济活动空间分布的影响还较为乏力。本书在非对称模型基础上，分析引入企业技术创新效率与科研成果转化率后对贸易自由度进而对

经济空间分布的影响。有关的区域、要素、市场结构等假设与FC模型相同，主要区别在于有关贸易自由度的假设。本书认为，贸易自由度由企业技术进步率决定，企业技术进步率由技术创新效率和科技成果转化率决定。这一假设的理论依据在于，由于包含了制度变迁的技术进步可以容纳物流的改进、全球经济一体化的加深等，因而可以认为在一定程度上贸易自由度由技术进步决定。此外，由于技术进步的完整过程包括技术研发、技术创新和成果扩散三个阶段，从研发到创新的成果取得属于技术创新效率，科技创新到成果扩散，取决于科技成果转化率，所以设定技术进步率由技术创新效率和科技成果转化率决定。此外，为了研究方便，对理论模型变量定义见注释。①

二、数理模型分析

根据前述假设，构造在技术进步影响下的资本空间配置模型。根据FC模型，假设一个企业只使用一单位的资本作为固定成本，每单位产出需要a_m单位的劳动（可变成本），则企业的成本函数可以写成：

$$c_i = \pi + a_m w x \tag{6-1}$$

北部地区企业的资本收益函数为：

$$\pi = bB\frac{E^w}{K^w} \tag{6-2}$$

其中，$B = \frac{S_E}{\Delta} + \phi\frac{1-S_E}{\Delta^*}$，$b = \frac{\mu}{\sigma}$，$\Delta = S_n + \phi(1-S_n)$，$\Delta^* = \phi S_n + (1-S_n)$。

南部地区企业的资本收益函数为：

---

① 变量设定说明：$S_L = L/L^w$，北部地区劳动力份额；$S_L^* = L^*/L^w$，南部地区劳动力份额；$S_n = n/n^w$，北部地区工业生产份额；$1-S_n = n^*/n^w$，南部地区工业生产份额；$S_K = K/K^w$，北部地区资本份额；$S_K^* = K^*/K^w$，南部地区资本份额；$S_E = E/E^w$，北部地区产出份额；$S_E^* = E^*/E^w$，南部地区产出份额；π 北部资本收益；π^* 南部资本收益；w 北部劳动力报酬；w^* 南部劳动力报酬；ϕ 贸易自由度；T 技术进步率。

$$\pi^* = bB^* \frac{E^w}{K^w} \tag{6-3}$$

其中，$B^* = \phi \frac{S_E}{\Delta} + \frac{1-S_E}{\Delta^*}$。

根据式（6-1）和式（6-2），并且代入 B 和 B^*，整理得到区域资本收益率差：

$$\pi - \pi^* = b \frac{E^w(1-\phi)}{K^w \Delta \Delta^*} \left[(1+\phi)\left(S_E - \frac{1}{2}\right) - (1-\phi)\left(S_n - \frac{1}{2}\right) \right] \tag{6-4}$$

将 $b = \frac{\mu}{\sigma}$，$\Delta = S_n + \phi(1-S_n)$，$\Delta^* = \phi S_n + (1-S_n)$ 代入式（6-4），整理得：

$$\pi - \pi^* = b \frac{E^w(1-\phi)}{K^w [S_n + \phi(1-S_n)][\phi S_n + (1-S_n)]} \left[(1+\phi)\left(S_E - \frac{1}{2}\right) - (1-\phi)\left(S_n - \frac{1}{2}\right) \right] \tag{6-5}$$

从式（6-5）可以看出，当 $\phi=1$ 时，收益率差总是为 0，此时市场处于相对均衡状态。当 $0<\phi<1$ 时，存在两个对区域资本收益率差的反作用力。方括号中第一项为正，为集聚力，表明具有较大支出份额的区域对资本的吸引力更大，这种吸引力导致集聚；第二项为负，是分散力，表明实际使用的资本份额越大，将降低区域的资本收益率差，阻碍资本向较多的区域流动。资本最终流动方向取决于集聚力和分散力的大小。

FC 模型证明了资本流动对收入差距的影响，但是缺乏技术进步对产业聚集影响的有关分析。因此，本书在该模型基础上引入技术进步率，研究技术创新效率、科技成果转化率与收入差距的关系。

如前所述，技术进步率对于贸易自由度具有正向的作用。为了更加准确分析企业科技进步率对区域经济空间的作用，首先需要区分不存在技术进步时的贸易自由度和存在技术进步时的贸易自由度，进而分析其对产业空间分布的影响。

$$\phi = \phi_0 + Tt = \phi_0 + T_0 t + \lambda T_0' + \lambda r t^2 \tag{6-6}$$

其中，ϕ_0 表示没有技术进步影响时的初始贸易自由度，T 为技术进步的初始值，T_0 为不考虑科技成果转化率时的技术进步率，T_0' 为不考虑科技成果转化率时的技术进步率初始值。由于 ϕ_0、T_0 和 T_0' 取值不影响结果，因此暂时认为 ϕ_0、T_0 和 T_0' 均为 0，则式（6-6）简化为：$\phi = \lambda r t^2$，且有 $0 < \phi < 1$，$0 < r \leq 1$。

由于北部地区的资本收益率较高，所以南部地区的一部分资本（$S_K^* - S_n^*$）会被吸引到北部地区，此时，北部地区的人均收入为：

$$Y = \frac{w S_L + \pi S_k}{S_L + S_k} \tag{6-7}$$

南部地区的人均收入为：

$$Y^* = \frac{w^* S_L^* + \pi^* S_n^* + \pi S_k^* - \pi S_n^*}{S_L^* + S_k^*} \tag{6-8}$$

设技术创新效率、科技成果转化率与区域收入差距的关系函数为 $f(t, \lambda, r)$，则有：

$$f(t, \lambda, r) = Y - Y^* = \left(\frac{S_L}{S_L + S_k} w - \frac{S_L^*}{S_L^* + S_k^*} w^* \right) + \left(\frac{S_k}{S_L + S_k} - \frac{S_k^* - S_n^*}{S_L^* + S_k^*} \right) bB - \frac{S_n^*}{S_L^* + S_k^*} bB^* \tag{6-9}$$

将 $B = \frac{S_E}{\Delta} + \phi \frac{1 - S_E}{\Delta^*}$ 和 $B^* = \phi \frac{S_E}{\Delta} + \frac{1 - S_E}{\Delta^*}$ 代入式（6-9）中得：

$$f(t, \lambda, r) = Y - Y^* = \left(\frac{S_L}{S_L + S_k} w - \frac{S_L^*}{S_L^* + S_k^*} w^* \right) + \left(\frac{S_k}{S_L + S_k} - \frac{S_k^* - S_n^*}{S_L^* + S_k^*} \right) b \left(\frac{S_E}{\Delta} + \phi \frac{1 - S_E}{\Delta^*} \right) - \frac{S_n^*}{S_L^* + S_k^*} b \left(\phi \frac{S_E}{\Delta} + \frac{1 - S_E}{\Delta^*} \right) \tag{6-10}$$

将 $\Delta = S_n + \phi(1-S_n)$，$\Delta^* = \phi S_n + (1-S_n)$ 代入式（6-10）中，得：

$$f(t, \lambda, r) = Y - Y^* = \left(\frac{S_L}{S_L+S_k}w - \frac{S_L^*}{S_L^*+S_k^*}w^*\right) +$$

$$\left(\frac{S_k}{S_L+S_k} - \frac{S_k^* - S_n^*}{S_L^*+S_k^*}\right)b\left[\frac{S_E}{S_n+\phi(1-S_n)} + \phi\frac{1-S_E}{\phi S_n+(1-S_n)}\right] - \quad (6-11)$$

$$\frac{S_n^*}{S_L^*+S_k^*}b\left[\phi\frac{S_E}{S_n+\phi(1-S_n)} + \frac{1-S_E}{\phi S_n+(1-S_n)}\right]$$

将 $\phi = \lambda r t^2$ 代入式（6-11）中，得到技术创新效率、科技成果转化率与区域收入差距的关系：

$$f(t, \lambda, r) = Y - Y^*$$

$$= \left(\frac{S_L}{S_L+S_k}w - \frac{S_L^*}{S_L^*+S_k^*}w^*\right) + \left(\frac{S_k}{S_L+S_k} - \frac{S_k^* - S_n^*}{S_L^*+S_k^*}\right) \quad (6-12)$$

$$b\left[\frac{S_E}{S_n+\lambda r t^2(1-S_n)} + \frac{(1-S_E)\lambda r t^2}{\lambda r t^2 S_n+(1-S_n)}\right]$$

第三节 数值模拟

为了分析技术创新效率、科技成果转化率对区域收入差距影响的客观规律，本书在式（6-12）的基础上利用虚拟数据对其进行数值模拟。由于涉及变量较多，需要对变量进行简化处理，对于式（6-12）中 b 和 w，选择合适的单位，令其都为 1。根据现实中发达地区资本相对比较多，产出相对比较高；欠发达地区劳动力相对比较多，产出相对比较低的情况，并结合中国 1997 年的实际数据，设：

$S_L = 0.44$，$S_L^* = 0.56$，$S_k = 0.55$，$S_k^* = 0.45$，$S_n = 0.57$

$S_n^* = 0.43$，$S_E = 0.66$，$S_E^* = 0.34$

首先，取 λ 为 1，不考虑技术创新效率，单独考虑科技成果转化率对区域收入差距的影响，分别取技术创新效率较高和较低两种情况进行数值模拟；其次取 r=1，不考虑企业技术创新效率及科技成果转化率对区域收入差距的影响，同上述一样，设定企业技术创新较低效率和较高效率两种情形，进行数值模拟，得到结果如图 6-1 和图 6-2 所示。

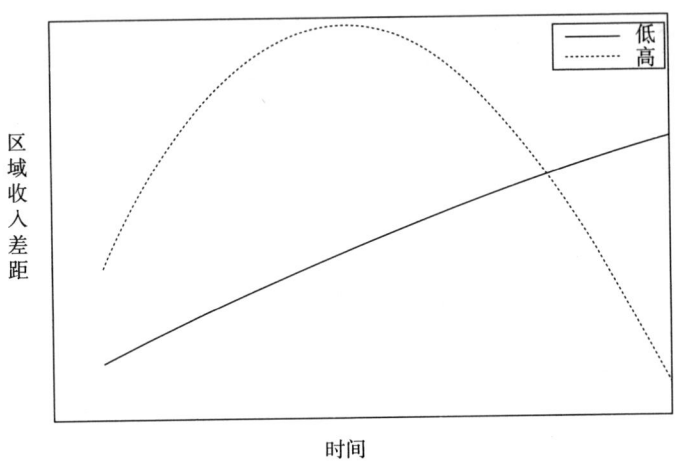

图 6-1　科技成果转化率与收入差距的关系

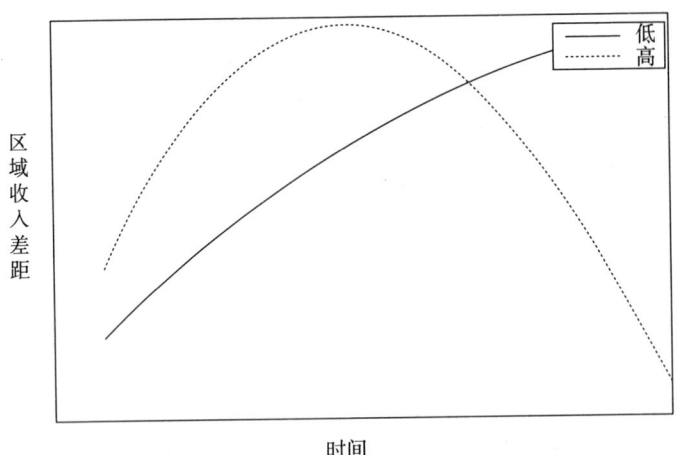

图 6-2　技术创新效率与区域收入差距的关系

从数值模拟的结果看，企业技术创新效率和科技成果转化率与区域收入差距之间呈倒"U"型的关系。技术创新成果转化初期，会形成中心—外围结构；长期来看，北部地区的企业技术创新成果不断转化，收益不断增加，产出份额不断上升，形成循环累积效应。与此同时，企业竞争也不断加剧，孕育着新一轮的技术创新。此时在南部地区，技术创新成果慢慢转化为经济效益，市场潜能上升，资本收益率逐渐上升。因此，北部地区与南部地区的资本收益率差异会逐渐缩小，直至趋同。

由此，本书进一步提出以下假设：区域收入差距的收敛速度与技术创新效率和科技成果转化率呈正向变动，当区域企业技术创新效率和科技成果转化率都相对比较高时（此时称为"高高"地区），区域收入差距的收敛速度最快，"低低"地区收入差距的收敛速度最慢，上述理论模型结论是否成立还有待于实证检验。

第四节 企业技术创新效率、科研成果转化率对区域收入差距影响的实证检验

一、变量与数据

（一）技术创新效率的测度及结果

技术创新效率及科研成果转化率很难直接用指标衡量，其数据需要通过使用其他方法测度才能得到。近年来已有很多学者通过数据包络分析法（DEA）和随机前沿分析法（SFA）测度了技术创新效率（虞晓芬，2005[8]；官建成、陈凯华，2009[9]）。由于针对大样本面板数据，SFA则更具优势。据此，本书利用2000~2012年各省市大中型工业企业数据，对于个别数据的缺失，采用移动平均法进行相应的平滑处理。另外，由于西藏数据的大量缺失，选择除西藏、中国香港、中国澳门以及中国台湾以外的30个省区市

的数据作为决策单元。使用 SFA 方法，对区域工业企业技术创新效率（p_{it}）和科研成果转化率（r_{it}）进行估计，企业技术创新效率模型设定如下：

$$LnY = \beta_0 + \beta_1 LnX_1 + \beta_2 LnX_2 + \mu_{it} - v_{it} \quad (6-13)$$

$$TE = \exp(-\mu_{it}) \quad (6-14)$$

技术创新的实现被看作一个创新资源由投入到产出的整合过程，这里选取专利数作为产出指标，R&D 人员全时当量和 R&D 经费作为投入指标。i 表示省份，t 表示年份，Y 为产出指标，表示各地区大中型工业企业的专利数，X 为投入指标，X_1 为区域大中型工业企业 R&D 人员全时当量，X_2 为 R&D 经费，TE 为技术创新效率。技术创新效率的 SFA 结果如表 6-1 所示。

表 6-1 技术创新效率的 SFA 结果

LnY	Coef.	Std. Err.	z	P>|z|	95% Conf.	Interval
Lnx_1	0.6315452	0.0252415	25.02	0.000	0.5820727	0.6810177
Lnx_2	0.2216944	0.0311805	7.11	0.000	0.1605818	0.2828069
cons	-1.010961	0.4611386	-2.19	0.028	-1.914776	-0.1001456
μ	1.110831	0.6452809	1.72	0.085	0.1538967	3.375558
η	0.0016764	0.00425	0.39	0.03	0.0006535	0.0120064
$Ln\sigma^2$	1.410723	0.2679485	5.26	0.000	1.935893	2.685554
ilgtgamma	1.123982	0.3584243	3.14	0.002	0.4214820	1.82648
σ^2	0.8694799	2.30566			0.0048092	1.571991
γ	0.3256544	1.788695			5.63e-08	0.9999998
σ_u2	0.28315	2.30588			0.236291	4.802591
σ_v2	0.5863299	0.0440653			0.4999635	0.6726963

注：Iteration 12：log likelihood = -452.64147。

从结果可以看出，首先，从随机前沿模型的适用性来看，σ^2 和 γ 在 1% 的水平下显著，η 通过了 5% 的显著性检验，说明存在随机误差项和无效率误差项，随机前沿分析方法是适用的。其次，R&D 经费和 R&D 人员全时当量对大中型工业企业的专利数的影响在 1% 的水平下是显著的，在

R&D 经费不变的情况下,1 单位 R&D 人员全时当量的变动会引起 exp (0.63) 单位专利数的变动。同样地,在 R&D 经费固定的情况下,1 单位 R&D 人员全时当量的变动会引起 exp (0.22) 单位专利数的变动。其中 η 的系数大于 0,说明技术效率即本书中的技术创新效率是随时间变化递增的。

(二)企业科技成果转化率的测度和结果

企业科技成果转化率随机前沿模型(SFA)的构建,同样采用投入产出法,将经费投入和科技成果作为投入指标,企业新产品产值作为产出指标。本书共选取了 7 个投入指标,分别是专利数、R&D 项目数、新产品开发项目、新产品开发经费、购买国内技术经费、技术引进经费、技术获取和技术改造经费。

$$LnY = \beta_0 + \beta_1 LnX_1 + \beta_2 LnX_2 + \beta_3 LnX_3 + \beta_4 LnX_4 + \beta_5 LnX_5 + \beta_6 LnX_6 + \beta_7 LnX_7 + \mu_{it} - v_{it} \quad (6-15)$$

$$TE = \exp(-\mu_{it}) \quad (6-16)$$

其中,i 表示地区,t 表示时间,TE 代表技术效率,在此处代表科技成果转化率,X_1 为申请专利数,X_2 为新产品开发项目,X_3 为 R&D 项目数,X_4 为技术获取和技术改造经费,X_5 为购买国内技术经费,X_6 为技术引进经费,X_7 为新产品开发经费。

根据 2000~2012 年各省区市大中型工业企业数据以及随机前沿模型的估计,对各省市大中型工业企业技术创新效率进行预测,结果如表 6-2、表 6-3 所示,可以得到以下结论。

表 6-2 2000~2006 年各地区大中型工业企业技术创新效率

年份 地区	2000	2001	2002	2003	2004	2005	2006
北京	0.717	0.726	0.735	0.744	0.753	0.761	0.769
天津	0.835	0.841	0.847	0.852	0.858	0.863	0.868
河北	0.311	0.326	0.341	0.356	0.371	0.386	0.401
山西	0.233	0.247	0.261	0.275	0.290	0.305	0.319

续表

年份\地区	2000	2001	2002	2003	2004	2005	2006
内蒙古	0.242	0.256	0.271	0.285	0.300	0.314	0.329
辽宁	0.276	0.291	0.305	0.320	0.335	0.350	0.365
吉林	0.811	0.817	0.824	0.830	0.836	0.842	0.847
黑龙江	0.201	0.214	0.227	0.241	0.255	0.270	0.284
上海	0.652	0.663	0.674	0.684	0.695	0.705	0.714
江苏	0.562	0.575	0.587	0.600	0.612	0.624	0.635
浙江	0.667	0.678	0.688	0.698	0.708	0.718	0.727
安徽	0.381	0.396	0.410	0.425	0.440	0.454	0.469
福建	0.509	0.523	0.536	0.549	0.563	0.575	0.588
江西	0.285	0.300	0.315	0.329	0.344	0.359	0.374
山东	0.350	0.364	0.379	0.394	0.409	0.424	0.438
河南	0.338	0.353	0.368	0.383	0.398	0.412	0.427
湖北	0.368	0.383	0.398	0.413	0.427	0.442	0.457
湖南	0.436	0.450	0.465	0.479	0.493	0.507	0.521
广东	0.720	0.731	0.745	0.771	0.791	0.801	0.822
广西	0.403	0.415	0.427	0.438	0.450	0.462	0.473
海南	0.263	0.279	0.295	0.312	0.328	0.345	0.361
重庆	0.510	0.524	0.537	0.551	0.564	0.577	0.589
四川	0.436	0.450	0.465	0.479	0.493	0.507	0.521
贵州	0.283	0.298	0.312	0.327	0.342	0.357	0.372
云南	0.217	0.231	0.245	0.259	0.273	0.288	0.302
陕西	0.462	0.474	0.487	0.500	0.513	0.527	0.541
甘肃	0.158	0.170	0.182	0.195	0.208	0.222	0.236
青海	0.081	0.090	0.099	0.109	0.119	0.129	0.140
宁夏	0.159	0.171	0.184	0.197	0.210	0.223	0.237
新疆	0.143	0.154	0.166	0.179	0.191	0.205	0.218
平均	0.400	0.413	0.426	0.439	0.452	0.465	0.478

表6-3 2007~2012年各地区大中型工业企业技术创新效率

地区\年份	2007	2008	2009	2010	2011	2012	平均
北京	0.777	0.785	0.792	0.799	0.807	0.813	0.7676
天津	0.873	0.877	0.882	0.886	0.890	0.894	0.8666
河北	0.415	0.430	0.445	0.459	0.474	0.488	0.4003
山西	0.334	0.349	0.364	0.379	0.394	0.409	0.3200
内蒙古	0.344	0.359	0.374	0.389	0.404	0.419	0.3297
辽宁	0.380	0.395	0.410	0.424	0.439	0.454	0.3649
吉林	0.853	0.858	0.863	0.868	0.873	0.878	0.8462
黑龙江	0.299	0.314	0.328	0.343	0.358	0.373	0.2853
上海	0.724	0.733	0.742	0.751	0.759	0.767	0.7126
江苏	0.647	0.658	0.669	0.680	0.690	0.700	0.6336
浙江	0.736	0.745	0.754	0.762	0.770	0.778	0.7252
安徽	0.483	0.497	0.511	0.525	0.539	0.552	0.4680
福建	0.601	0.613	0.625	0.636	0.648	0.659	0.5865
江西	0.389	0.404	0.419	0.434	0.448	0.463	0.3742
山东	0.453	0.468	0.482	0.496	0.510	0.524	0.4378
河南	0.442	0.457	0.471	0.485	0.500	0.514	0.4267
湖北	0.471	0.485	0.499	0.513	0.527	0.541	0.4557
湖南	0.534	0.548	0.561	0.574	0.587	0.600	0.5196
广东	0.830	0.844	0.852	0.871	0.882	0.891	0.8116
广西	0.485	0.497	0.508	0.520	0.532	0.543	0.4735
海南	0.378	0.394	0.411	0.427	0.444	0.460	0.3613
重庆	0.602	0.614	0.626	0.638	0.649	0.660	0.5877
四川	0.535	0.548	0.561	0.574	0.587	0.600	0.5197
贵州	0.387	0.402	0.417	0.431	0.446	0.461	0.3718
云南	0.317	0.332	0.347	0.362	0.377	0.392	0.3033

续表

年份 地区	2007	2008	2009	2010	2011	2012	平均
陕西	0.555	0.569	0.584	0.598	0.603	0.618	0.5410
甘肃	0.250	0.264	0.278	0.293	0.308	0.323	0.2375
青海	0.152	0.164	0.176	0.189	0.202	0.215	0.1435
宁夏	0.251	0.265	0.280	0.294	0.309	0.324	0.2388
新疆	0.232	0.246	0.260	0.274	0.289	0.304	0.2200
平均	0.491	0.504	0.516	0.529	0.542	0.554	0.478

从结果可见，2000~2012年全国各省区市大中型工业企业的技术创新效率的平均效率为47.8%，无效率因素占了52.2%，说明创新资源没有得到有效的配置；我国大中型工业企业的技术创新效率存在明显的地域差异性，东部地区的技术创新效率显著高于中西部地区；2000~2012年各个地区的大中型工业企业的技术创新效率平均水平都呈上升趋势。

（三）企业科技成果转化率的测算结果

基于本书科技成果转化投入产出模型的设定，利用随机前沿分析（SFA）对企业科技成果转化率的估计结果如表6-4所示。

表6-4 企业科技成果转化率的SFA结果

LnY	Coef.	Std. Err.	z	P>|z|	95% Conf.	Interval
Lnx_1	0.1922536	0.056548	3.40	0.001	0.0814216	0.3030856
Lnx_2	-0.1680342	0.0676842	-2.48	0.013	-0.3006927	-0.0353756
Lnx_3	0.1779832	0.0820044	2.17	0.030	0.0172576	0.3387089
Lnx_4	0.1578027	0.0664387	2.38	0.018	0.0275852	0.2880202
Lnx_5	0.16597	0.0397799	4.17	0.000	0.0880029	0.2439371
Lnx_6	0.0936755	0.0416726	2.25	0.025	0.0119987	0.1753522
Lnx_7	0.3447464	0.0476804	7.23	0.000	0.2512946	0.4381982

续表

LnY	Coef.	Std. Err.	z	P>|z|	95% Conf.	Interval
cons	6.035199	0.5061003	11.92	0.000	5.04326	7.027137
μ	0.8263116	0.2584138	3.20	0.001	0.3198299	1.332793
η	0.0397483	0.0135743	2.93	0.003	0.0131431	0.0663535
$Ln\sigma^2$	-0.6172162	0.1169196	-5.28	0.000	-0.8463744	-0.3880581
ilgtgamma	-1.003141	0.4064561	-2.47	0.014	-1.799781	-0.2065019
σ^2	0.539444	0.0630716			0.4289674	0.6783729
γ^2	0.2683243	0.079798			0.1418778	0.4485572
σ_u2	0.1447459	0.0572103			0.0326159	0.256876
σ_v2	0.3946981	0.0298582			0.3361772	0.4532191

注：Wald chi2 (7) = 570.87　Log likelihood = -398.07507　Prob > chi2 = 0.0000。

从表6-4的结果可以看出，β_1、β_5和β_7均在0.01的水平上显著，β_2、β_3、β_4、β_6均在0.05的水平上显著，另外σ^2在0.01的水平上显著，η在0.01的水平上显著，γ在0.05的水平上显著。说明存在随机误差项和无效率误差项，随机前沿分析方法是适用的。根据各变量的弹性系数，可以看出在其他变量固定的情况下，1单位专利数的变动会引起exp（0.192）单位新产品产值的变动；1单位新产品项目数的变动会引起exp（-0.168）单位新产品产值的变动；1单位R&D项目数的变动会引起exp（-0.178）单位新产品产值的变动；1单位技术获取和技术改造经费的变动，会引起exp（0.157）新产品产值的变动；1单位购买国内技术经费的变动，会引起exp（0.165）新产品产值的变动；1单位技术引进经费的变动，会引起exp（0.094）新产品产值的变动；1单位新产品开发经费的变动，会引起exp（0.344）新产品产值的变动。最后η的系数大于0，说明技术创新效率即本书中的科技成果转化率是随时间变化递增的。

根据随机前沿模型的估计，我国各地区大中型工业企业科技成果转化率预测结果如表6-5、表6-6所示。

表 6-5　2000~2006 年各地区大中型工业企业的科技成果转化率

地区 \ 年份	2000	2001	2002	2003	2004	2005	2006
北京	0.78	0.78	0.79	0.79	0.80	0.80	0.81
天津	0.63	0.64	0.64	0.65	0.66	0.66	0.67
河北	0.27	0.28	0.29	0.30	0.31	0.32	0.33
山西	0.26	0.27	0.28	0.29	0.30	0.31	0.32
内蒙古	0.29	0.30	0.30	0.31	0.32	0.33	0.34
辽宁	0.26	0.27	0.28	0.28	0.29	0.30	0.31
吉林	0.56	0.57	0.58	0.59	0.60	0.60	0.61
黑龙江	0.23	0.24	0.25	0.25	0.26	0.27	0.28
上海	0.76	0.77	0.77	0.78	0.78	0.79	0.79
江苏	0.35	0.36	0.37	0.38	0.39	0.40	0.41
浙江	0.43	0.44	0.45	0.46	0.47	0.48	0.49
安徽	0.22	0.23	0.24	0.25	0.26	0.27	0.28
福建	0.38	0.39	0.40	0.41	0.42	0.43	0.44
江西	0.27	0.28	0.29	0.30	0.31	0.32	0.33
山东	0.26	0.27	0.28	0.29	0.30	0.31	0.32
河南	0.31	0.32	0.33	0.34	0.35	0.36	0.37
湖北	0.28	0.29	0.30	0.31	0.32	0.33	0.34
湖南	0.38	0.39	0.40	0.41	0.42	0.43	0.44
广东	0.72	0.73	0.75	0.77	0.78	0.79	0.80
广西	0.32	0.33	0.34	0.35	0.36	0.37	0.38
海南	0.42	0.44	0.45	0.47	0.48	0.49	0.51
重庆	0.32	0.33	0.34	0.35	0.36	0.37	0.38
四川	0.39	0.40	0.41	0.42	0.43	0.44	0.45
贵州	0.18	0.19	0.20	0.21	0.22	0.23	0.24
云南	0.17	0.18	0.18	0.19	0.20	0.21	0.22

续表

年份 地区	2000	2001	2002	2003	2004	2005	2006
陕西	0.31	0.32	0.33	0.34	0.35	0.36	0.37
甘肃	0.19	0.20	0.21	0.22	0.22	0.23	0.24
青海	0.29	0.30	0.31	0.32	0.33	0.34	0.35
宁夏	0.14	0.15	0.16	0.17	0.17	0.18	0.19
新疆	0.26	0.27	0.28	0.29	0.30	0.31	0.32
平均	0.35	0.36	0.37	0.38	0.39	0.40	0.41

表6-6 2007~2012年各地区大中型工业企业的科技成果转化率

年份 地区	2007	2008	2009	2010	2011	2012	平均
北京	0.81	0.81	0.82	0.82	0.83	0.83	0.80
天津	0.68	0.69	0.69	0.70	0.70	0.71	0.67
河北	0.34	0.35	0.36	0.37	0.38	0.39	0.33
山西	0.33	0.33	0.34	0.35	0.36	0.37	0.32
内蒙古	0.35	0.36	0.37	0.38	0.39	0.40	0.34
辽宁	0.32	0.33	0.34	0.35	0.36	0.37	0.31
吉林	0.62	0.63	0.63	0.64	0.65	0.66	0.61
黑龙江	0.29	0.30	0.31	0.32	0.33	0.34	0.28
上海	0.80	0.80	0.81	0.81	0.82	0.82	0.79
江苏	0.42	0.43	0.44	0.45	0.46	0.47	0.41
浙江	0.49	0.50	0.51	0.52	0.53	0.54	0.49
安徽	0.29	0.29	0.30	0.31	0.32	0.33	0.28
福建	0.45	0.46	0.47	0.48	0.48	0.49	0.44
江西	0.34	0.35	0.36	0.37	0.38	0.39	0.33
山东	0.33	0.34	0.35	0.36	0.37	0.38	0.32

续表

地区\年份	2007	2008	2009	2010	2011	2012	平均
河南	0.38	0.39	0.39	0.40	0.41	0.42	0.37
湖北	0.35	0.36	0.37	0.38	0.39	0.40	0.34
湖南	0.45	0.46	0.47	0.48	0.49	0.50	0.44
广东	0.81	0.82	0.83	0.84	0.85	0.85	0.80
广西	0.39	0.40	0.41	0.42	0.43	0.44	0.38
海南	0.52	0.53	0.55	0.56	0.57	0.58	0.51
重庆	0.39	0.40	0.41	0.42	0.43	0.44	0.38
四川	0.46	0.47	0.48	0.48	0.49	0.50	0.45
贵州	0.25	0.25	0.26	0.27	0.28	0.29	0.24
云南	0.23	0.24	0.25	0.25	0.26	0.27	0.22
陕西	0.38	0.39	0.40	0.41	0.42	0.43	0.37
甘肃	0.25	0.26	0.27	0.28	0.29	0.30	0.24
青海	0.36	0.37	0.38	0.39	0.40	0.41	0.35
宁夏	0.20	0.21	0.22	0.23	0.23	0.24	0.19
新疆	0.33	0.34	0.35	0.36	0.36	0.37	0.32
平均	0.42	0.43	0.44	0.45	0.46	0.46	0.41

从表6-5和表6-6预测结果中可以看出，我国各地区大中型工业企业的科技成果转化率偏低，并且存在严重的地区差异，东部地区大中型工业企业的科技成果转化率大于中西部地区。分区域看，2000~2012年，全国大中型工业企业科技成果转化率的均值为41%，相对于创新效率略偏低；各区域大中型工业企业在2000~2012年科技成果转化率中无效率因素占比较高，说明资源和成果没有得到有效配置，成果没有及时地转化。

企业技术创新效率、企业科技成果转化率的测度结果，可作为本书实证分析数据来源。

(四) 其他变量说明

本书使用中国省区市数据对理论模型进行实证检验。区域收入差距（Y_{it}）是模型的被解释变量。借鉴倪鹏飞、刘伟、黄斯赫（2014）[5]所采用的对数离差法对地区收入差距进行计算；借鉴区域收入差距的相关文献，将人均资本存量、人均受教育年限、财政政策、产业份额、对外开放度引入模型作为主要控制变量。人均资本存量（K_{it}）选取张军等（2004）[10]所采用的永续盘存法对区域人均资本存量进行估算；以地区人均受教育年限（E_{it}）表示教育水平；N_i表示第i种文化程度人口累计受教育年限；K_i表示在总样本中，第i种受教育程度的人口数。具体做法是选择区域6岁及以上的人作为样本，假定小学是6年制，初中、高中分别是3年制，大专及以上学历的人口统计为4年，对其进行加权平均，得到各个地区的受教育年限；对外开放度（O_{it}）采用进出口总额对地区GDP的比值来表示；财政政策（F_{it}）采用政府一般预算内支出与GDP的比值来表示；由于我国大部分地区第二产业比重比较大，因此产业份额（Z_{it}）用第二产业产值与GDP的比值来表示。各省人均收入、政府一般预算支出、进出口额、GDP、第二产业产值、固定资产投资和固定资产总额均来自《中国统计年鉴》以及各省统计年鉴；不同程度受教育水平人数来自《中国人口统计年鉴》。

二、模型设定及平稳性检验

由于区域收入差距可能受自身滞后的影响，为避免内生性，使用动态面板GMM模型进行估计。利用2000~2012年的30个省际面板数据，构造的动态GMM模型如下：

$$Y_{it} = \alpha_0 + Y_{it-1} + \beta_1 p_{it}(r_{it}) + \beta_2 p_{it}^2(r_{it}^2) + \sum X_{it} + \mu \quad (6-17)$$

式（6-17）中，Y_{it-1}代表区域人均收入差距的一阶滞后项；核心变量为工业企业技术创新效率（p_{it}）和科研成果转化率（r_{it}）；X_{it}表示其他控制变量，包括：区域财政政策（F_{it}）、对外开放度（O_{it}）、产业份额

（Z_{it}）、平均受教育年限（E_{it}）以及人均资本存量（K_{it}）。

设定的模开放型为：

$LnY = \beta_0 + \beta_1 LnX_1 + \beta_2 LnX_2 + \beta_3 LnX_3 + \beta_4 LnX_4 + \beta_5 LnX_5 + \mu_{it} - v_{it}$，$TE = \exp(-\mu_{it})$

i表示地区，t表示时间；TE代表技术效率，在此处代表科技成果转化率。

在做描述统计的基础上，采用LLC方法对样本数据进行残差序列的单位根检验，结果表明所有数据均通过了1%水平上的显著性检验，均为平稳序列，可以利用GMM进行实证检验。

首先，对企业技术创新效率与收入差距进行实证检验。根据前述所设的动态GMM模型，从模型2到模型6依次加入人均资本存量、人均受教育年限、财政政策、对外开放水平等控制变量进行回归，分析企业技术创新效率及其二次型对区域收入差距的影响；其次，以企业科技成果转化率为核心变量，分析企业科技成果转化率及其二次型对区域收入差距的影响。回归结果如下：

企业科技成果转化效率的符号为正，表6-7和表6-8是从模型1到模型6的实证结果，所有核心变量的平方项均通过了显著性检验。企业科技成果转化效率的符号为正，科技成果转化效率的平方项的符号为负，说明企业科技成果转化效率与区域人均收入差距之间呈倒"U"型关系，且这种关系较为稳定。说明在短期内，企业科技成果转化率的提高，会扩大区域人均收入差距。但从长期来看，企业技术创新效率的提高则会使区域收入差距趋于收敛。

表6-7 企业技术创新效率与收入差距回归结果

变量	模型1	模型2	模型3	模型4	模型5	模型6
P	2.018** (1.74)	5.122** (3.48)	6.328*** (4.16)	3.685* (2.56)	3.830* (2.18)	3.773** (3.43)

续表

变量	模型1	模型2	模型3	模型4	模型5	模型6
P_2	-2.135** (-1.96)	-5.734** (-3.63)	-5.963*** (-3.71)	-5.089** (-3.02)	-3.112* (-1.65)	-5.115*** (-4.08)
K	0.852*** (4.55)	-0.165 (-1.14)				
E	-0.846*** (-6.74)		-0.575*** (-3.94)			
F	-2.768*** (-3.42)			-1.287 (-0.91)		
O	-1.622*** (-4.13)				-1.452** (-3.18)	
Z	8.529*** (7.39)					9.770*** (6.08)
LnY	-0.271*** (-1.20)	-0.408*** (-9.00)	-0.390*** (-10.87)		-0.366*** (-13.14)	-0.366*** (-12.09)
_cons	13.03*** (-8.76)	11.29*** (28.40)	15.12*** (12.67)	11.62*** (18.15)	11.06*** (37.50)	6.411*** (7.36)
sargan	1	1	1	1	1	1
AR(1)	0.448	0.12	0.26	0.18	0.11	0.12

注：括号内为 t 值，* 表示 $p<0.05$，** 表示 $p<0.01$，*** 表示 $p<0.001$。

表6-8 企业科技成果转化率与区域收入差距估计结果

变量	模型1	模型2	模型3	模型4	模型5	模型6
r	7.952*** (4.75)	13.9*** (5.18)	14.83*** (5.7)	13.34*** (5.14)	13.77*** (5.21)	9.931*** (6.39)
r_2	-7.342** (-3.57)	-18.16*** (-5.11)	-16.18*** (-5.06)	-16.00*** (-4.78)	-16.16*** (-4.66)	-11.86*** (-5.70)
K	0.810*** (4.42)	0.374* (2.65)				

续表

变量	模型1	模型2	模型3	模型4	模型5	模型6
E	-0.903*** (-8.08)		-0.316*** (-2.86)			
F	-2.327*** (-3.98)			-0.697 (-0.80)		
O	-1.495** (-3.59)				-0.0727 (-0.16)	
Z	8.126*** (7.74)					8.216*** (6.97)
LnY	-0.233*** (-8.63)	-0.344*** (-13.54)	-0.347*** (-14.63)	-0.351*** (-14.63)	-0.357*** (-15.08)	-0.309*** (-11.91)
_cons	13.03*** (-8.76)	8.704*** (15.73)	11.15*** (12.47)	9.269*** (17.27)	9.071*** (17.22)	5.376*** (5.90)
sargan	1	1	1	1	1	1
AR(1)	0.13	0.58	0.20	0.18	0.44	0.51

注：括号内为 t 值，* 表示 p<0.05，** 表示 p<0.01，*** 表示 p<0.001。

三、企业技术创新效率、科技成果转化率对区域收入差距综合影响的结果分析

由于区域技术创新效率、科技成果转化率存在较大的区域差距，那么在分析企业技术创新效率、科技成果转化率对区域收入差距综合影响的过程中，如果通过设定 0/1 变量来区分几类不同地区，容易产生干扰项 e_j 与解释变量相关的内生性问题，这就需要采用处理效应模型进行估计 (Treatment Effect Model)，以便为 0/1 变量找到合适的工具变量，解决内生性问题。模型设定如下：

$$Y_{it} = b_1 \times X_{it} + b_2 \times RP_{it} + e_{it} \tag{6-18}$$

$$RP_{it} = \gamma \times W_{it} + u_{it} \tag{6-19}$$

其中，X_{it} 表示主方程解释变量；W_{it} 表示 Treat 解释变量；RP_{it} 表示 0/1 变量，若 =1，表示为 "高高"（高技术创新效率、高科技成果转化率）区域，否则 =0。也就是将技术创新效率和科技成果转化率均高于平均水平的区域分为一类，其余的省区市为一类。

表 6-9 样本数据的描述性统计

变量	定义	平均值	标准差	最小值	最大值
RP	是否为 "高高" 地区	0.1792208	0.3840362	0	1

为了对估计结果进行比较分析，分别使用 OLS、GMM 以及处理效应模型进行估计。在使用 GMM 进行估计时，使用平均受教育年限和对外开放度作为是否为 "高高" 地区的工具变量，处理效应模型同样使用人均受教育水平和对外开放程度作为是否为 "高高" 地区的 Treat 解释变量。

表 6-10 企业技术创新效率、科技成果转化率对区域收入差距综合
影响的各类实证结果分析

变量	模型（OLS）	模型（GMM）	模型（Tr_0）	模型（Tr_d）
T	-0.703***	-3.834***	-1.904***	-1.768***
F	-1.119	-1.682**	-0.881	-1.456
K	0.0417	0.848***	0.293**	0.187
Z	8.429***	3.846***	7.696***	7.506***
E			1.415***	1.472***
O			1.946***	1.997***
_cons	4.795***	6.220***	4.813***	4.169***

注：括号内为 t 值，* 表示 $p<0.05$，** 表示 $p<0.01$，*** 表示 $p<0.001$（Tr_0 代表没有加入虚拟变量的回归模型，模型 Tr_d 表示加入虚拟变量的回归模型）。

首先，不同模型形式的实证结果均为"高高"地区显著为负，说明相对于低科技创新效率+低科技成果转化率、高科技创新效率+低科技成果转化率、低科技创新效率+高科技成果转化率的地区，高科技创新转化率+高科技成果转化率的地区对区域收入差距的缩小效果要优于其他地区，符合理论预期。其次，OLS 低估了企业技术创新效率和科技成果转化率对区域收入差距的综合影响。GMM 则由于不能很好地处理 0/1 内生变量，高估了企业技术创新效率和科技成果转化率对区域收入差距的综合影响。本书最终实证结果处理效应模型的结果表明，"高高"区域比其他三种类型区域缩小了区域差距 1.768，说明该类区域对于区域收入差距收敛速度的影响要快于其他类型区域。

第五节　结论及政策含义

本书在空间经济学框架下，从贸易自由度角度出发，建立了技术创新效率、科技成果转化率变动引致的要素空间流动的理论模型，并使用动态 GMM 模型及处理效应模型实证检验了技术创新效率、科技成果转化率对区域差距的影响，发现工业企业技术创新效率以及科技成果转化率与区域收入差距之间存在稳定的倒"U"型关系。政策含义包括以下三个方面：首先，重构企业技术创新绩效评估体系，并将其细分为技术研发和科技成果转化两个子过程进行有效管理，通过效率改善促进区域收入差距收敛。其次，建立技术创新投入大幅度增长机制，规定各级地方政府财政科技投入的增幅要高于财政经常性收入的增幅；引导金融机构开展针对企业技术创新与科研成果转化的差别化和标准化服务，健全对企业技术创新的贷款风险补偿机制，构建支持企业尤其是中西部科技型企业从事研发活动的金融支撑体系。最后，基于企业技术创新效率、科技成果转化率与区域收入差距之间存在着短期反向变动，长期正向变动的规律，需要政府制定有关政策时考虑这一规律，提升企业尤其是中西部企业的技术创新及科技成果转化水平，缩小短期区域收入差距的上限及时段，加快区域经济差距的收敛速度，以创新成果与科研成果转化的数量、质量增长与空间结构的调整推动区域协调发展。

参考文献

［1］Chow G., Lin A. Accounting for Economic Growth in Taiwan and Mainland China: A Comparative Analysis［J］. Journal of Comparative Economics, 2002（30）: 507-530.

［2］李国平, 范红忠. 生产集中、人口分布与地区经济差异［J］. 经济研究, 2003（11）: 79-86.

［3］林毅夫, 刘培林. 中国的经济发展战略与地区收入差距［J］. 经济研究, 2003（3）: 19-25.

［4］Chen J., Fleisher B. M. Regional Income Inequality and Economic Growth in China［J］. Journal of Comparative Economics, 1996（22）: 141-164.

［5］倪鹏飞, 刘伟, 黄斯赫. 证券市场、资源空间配置与区域经济协调发展［J］. 经济研究, 2014（5）: 121-131.

［6］Zweimuller J. Schumpeterian Entrepreneurs Meet Engel's Law: The Impact of Inequality on Innovation-Driven Growth［J］. Journal of Economic Growth, 2000, 5（2）: 185-206.

［7］李平, 李淑云, 许家云. 收入差距、有效需求与自主创新［J］. 财经研究, 2012（2）: 16-26.

［8］虞晓芬. 我国区域技术创新效率: 现状与原因［J］. 科学学研究, 2005（2）: 258-263.

［9］官建成, 陈凯华. 我国高技术产业技术创新效率的测度［J］. 数量

经济技术经济研究,2009(10):19-33.

[10] 张军,吴桂英,张吉鹏.中国省际物质资本存量估算:1952—2000[J].经济研究,2004(10):35-44.

附 录

样本期变量数据列表

地区	时间	区域收入差距	产业份额	人均资本存量	人均受教育年限	财政政策	对外开放度	成果转化率	技术创新效率
北京	2000	0.831	0.381	2.419	9.983	0.179	1.657	0.780	0.717
	2001	0.862	0.362	2.500	10.260	0.196	0.999	0.780	0.726
	2002	0.869	0.348	2.772	10.259	0.196	1.353	0.790	0.735
	2003	0.861	0.358	2.994	10.346	0.201	1.548	0.790	0.744
	2004	0.922	0.376	3.304	10.559	0.210	1.828	0.800	0.753
	2005	0.881	0.294	3.553	10.686	0.154	1.493	0.800	0.761
	2006	0.896	0.278	3.867	10.950	0.165	1.601	0.810	0.769
	2007	0.845	0.268	4.159	11.085	0.176	1.569	0.810	0.777
	2008	0.856	0.257	4.208	10.793	0.187	1.799	0.810	0.785
	2009	0.853	0.235	4.543	11.173	0.191	1.207	0.820	0.792
	2010	0.837	0.240	4.542	11.477	0.193	1.447	0.820	0.799
	2011	0.796	0.231	4.340	11.555	0.200	1.548	0.830	0.807
	2012	0.518	0.282	4.408	11.836	0.256	1.788	0.830	0.813
天津	2000	8.836	0.500	1.737	8.975	0.114	0.866	0.630	0.835
	2001	8.821	0.492	1.879	8.860	0.128	0.567	0.640	0.841
	2002	8.876	0.488	2.120	9.150	0.129	0.921	0.640	0.847
	2003	9.054	0.509	2.400	9.247	0.128	0.992	0.650	0.852
	2004	9.041	0.532	2.695	9.645	0.128	1.186	0.660	0.858
	2005	9.239	0.555	3.003	9.513	0.120	1.180	0.660	0.863
	2006	9.349	0.571	3.311	9.729	0.125	1.179	0.670	0.868
	2007	9.460	0.573	3.496	9.808	0.134	1.076	0.680	0.873

续表

地区	时间	区域收入差距	产业份额	人均资本存量	人均受教育年限	财政政策	对外开放度	成果转化率	技术创新效率
天津	2008	9.564	0.601	3.749	9.526	0.137	0.879	0.690	0.877
	2009	9.676	0.530	4.204	10.052	0.149	0.580	0.690	0.882
	2010	9.770	0.525	4.534	10.164	0.149	0.603	0.700	0.886
	2011	9.852	0.524	4.793	10.400	0.159	0.590	0.700	0.890
	2012	9.997	0.673	5.093	10.512	0.216	0.737	0.710	0.894
河北	2000	8.104	0.503	0.759	7.682	0.082	0.085	0.270	0.311
	2001	8.143	0.496	0.816	7.746	0.092	0.068	0.280	0.326
	2002	8.239	0.498	0.899	8.033	0.094	0.090	0.290	0.341
	2003	8.277	0.515	0.977	8.379	0.091	0.105	0.300	0.356
	2004	8.389	0.529	1.052	8.380	0.090	0.128	0.310	0.371
	2005	8.555	0.518	1.165	8.169	0.097	0.130	0.320	0.386
	2006	8.656	0.524	1.291	8.130	0.101	0.127	0.330	0.401
	2007	8.794	0.528	1.359	8.167	0.110	0.142	0.340	0.415
	2008	8.840	0.542	1.423	8.510	0.116	0.165	0.350	0.430
	2009	8.942	0.520	1.566	8.425	0.136	0.117	0.360	0.445
	2010	9.027	0.525	1.680	8.872	0.138	0.140	0.370	0.459
	2011	9.133	0.535	1.744	8.666	0.144	0.141	0.380	0.474
	2012	9.619	0.713	1.851	8.710	0.208	0.163	0.390	0.488
山西	2000	7.969	0.503	0.497	8.016	0.137	0.089	0.260	0.233
	2001	8.038	0.516	0.544	8.166	0.163	0.060	0.270	0.247
	2002	8.200	0.537	0.611	8.246	0.166	0.095	0.280	0.261
	2003	8.280	0.566	0.668	8.398	0.169	0.104	0.290	0.275
	2004	8.372	0.595	0.721	8.383	0.171	0.146	0.300	0.290
	2005	8.536	0.563	0.799	8.417	0.160	0.109	0.310	0.305
	2006	8.637	0.578	0.888	8.697	0.193	0.111	0.320	0.319

续表

地区	时间	区域收入差距	产业份额	人均资本存量	人均受教育年限	财政政策	对外开放度	成果转化率	技术创新效率
山西	2007	8.779	0.600	0.960	8.778	0.183	0.154	0.330	0.334
	2008	8.810	0.615	1.059	8.927	0.190	0.144	0.330	0.349
	2009	8.881	0.543	1.212	8.876	0.212	0.080	0.340	0.364
	2010	8.962	0.569	1.353	9.222	0.210	0.093	0.350	0.379
	2011	9.103	0.590	1.461	9.153	0.210	0.085	0.360	0.394
	2012	9.606	0.749	1.606	9.382	0.307	0.106	0.370	0.409
内蒙古	2000	7.672	0.397	0.650	7.751	0.176	0.155	0.290	0.242
	2001	8.161	0.405	0.713	7.705	0.207	0.069	0.300	0.256
	2002	8.246	0.420	0.804	7.878	0.227	0.116	0.300	0.271
	2003	8.335	0.453	0.928	7.768	0.208	0.109	0.310	0.285
	2004	8.486	0.491	1.085	8.170	0.208	0.114	0.320	0.300
	2005	8.599	0.455	1.310	8.223	0.175	0.103	0.330	0.314
	2006	8.721	0.486	1.532	8.192	0.169	0.099	0.340	0.329
	2007	8.909	0.518	1.714	8.357	0.178	0.097	0.350	0.344
	2008	8.983	0.550	1.932	8.528	0.187	0.080	0.360	0.359
	2009	9.089	0.525	2.240	8.495	0.198	0.048	0.370	0.374
	2010	9.168	0.546	2.467	8.994	0.195	0.051	0.380	0.389
	2011	9.296	0.560	2.659	9.227	0.208	0.054	0.390	0.404
	2012	9.712	0.757	2.865	9.230	0.295	0.061	0.400	0.419
辽宁	2000	8.257	0.502	1.118	8.410	0.111	0.337	0.260	0.276
	2001	8.300	0.485	1.215	8.266	0.126	0.226	0.270	0.291
	2002	8.416	0.478	1.351	8.440	0.127	0.330	0.280	0.305
	2003	8.528	0.483	1.478	8.920	0.131	0.366	0.280	0.320
	2004	8.568	0.477	1.608	8.839	0.136	0.414	0.290	0.335
	2005	8.782	0.494	1.786	8.746	0.150	0.419	0.300	0.350

续表

地区	时间	区域收入差距	产业份额	人均资本存量	人均受教育年限	财政政策	对外开放度	成果转化率	技术创新效率
辽宁	2006	8.896	0.511	2.002	8.922	0.154	0.417	0.310	0.365
	2007	9.050	0.531	2.145	8.987	0.160	0.410	0.320	0.380
	2008	9.133	0.558	2.341	9.205	0.160	0.374	0.330	0.395
	2009	9.221	0.520	2.633	9.237	0.176	0.283	0.340	0.410
	2010	9.314	0.541	2.898	9.458	0.173	0.296	0.350	0.424
	2011	9.445	0.547	3.077	9.467	0.176	0.279	0.360	0.439
	2012	9.770	0.697	3.271	9.898	0.240	0.346	0.370	0.454
吉林	2000	8.120	0.439	0.731	8.231	0.143	0.117	0.560	0.811
	2001	8.205	0.433	0.784	8.503	0.161	0.090	0.570	0.817
	2002	8.343	0.436	0.860	8.614	0.161	0.136	0.580	0.824
	2003	8.432	0.453	0.934	8.703	0.162	0.202	0.590	0.830
	2004	8.535	0.466	1.005	8.799	0.172	0.190	0.600	0.836
	2005	8.644	0.437	1.108	8.468	0.174	0.148	0.600	0.842
	2006	8.750	0.448	1.253	8.660	0.168	0.148	0.610	0.847
	2007	8.890	0.468	1.366	8.776	0.167	0.148	0.620	0.853
	2008	8.935	0.477	1.525	9.051	0.184	0.144	0.630	0.858
	2009	9.017	0.487	1.728	8.903	0.203	0.110	0.630	0.863
	2010	9.095	0.520	1.892	9.281	0.206	0.132	0.640	0.868
	2011	9.200	0.531	2.043	9.101	0.208	0.135	0.650	0.873
	2012	9.596	0.719	2.231	9.255	0.279	0.175	0.660	0.878
黑龙江	2000	8.184	0.574	0.829	8.240	0.117	0.076	0.230	0.201
	2001	8.268	0.561	0.897	8.255	0.134	0.051	0.240	0.214
	2002	8.376	0.559	0.995	8.299	0.137	0.093	0.250	0.227
	2003	8.440	0.572	1.086	8.409	0.128	0.100	0.250	0.241
	2004	8.539	0.595	1.167	8.492	0.132	0.106	0.260	0.255

续表

地区	时间	区域收入差距	产业份额	人均资本存量	人均受教育年限	财政政策	对外开放度	成果转化率	技术创新效率
黑龙江	2005	8.624	0.539	1.287	8.460	0.143	0.142	0.270	0.270
	2006	8.711	0.544	1.414	8.532	0.156	0.166	0.280	0.284
	2007	8.826	0.523	1.473	8.697	0.168	0.186	0.290	0.299
	2008	8.872	0.525	1.590	8.859	0.186	0.193	0.300	0.314
	2009	8.950	0.473	1.768	8.746	0.219	0.129	0.310	0.328
	2010	9.029	0.502	1.916	9.160	0.217	0.167	0.320	0.343
	2011	9.125	0.503	2.031	9.115	0.222	0.198	0.330	0.358
	2012	9.458	0.603	2.165	9.210	0.317	0.237	0.340	0.373
上海	2000	9.261	0.475	3.063	9.296	0.134	0.995	0.760	0.652
	2001	9.127	0.476	3.239	9.441	0.143	0.646	0.770	0.663
	2002	9.157	0.474	3.605	9.595	0.159	1.111	0.770	0.674
	2003	9.487	0.501	3.928	10.126	0.174	1.488	0.780	0.684
	2004	9.291	0.508	4.243	10.113	0.186	1.778	0.780	0.695
	2005	9.734	0.486	4.593	10.026	0.180	1.667	0.790	0.705
	2006	9.823	0.485	5.010	10.438	0.173	1.750	0.790	0.714
	2007	9.930	0.466	5.408	10.455	0.179	1.765	0.800	0.724
	2008	9.988	0.455	5.565	10.586	0.189	1.633	0.800	0.733
	2009	10.071	0.399	5.526	10.647	0.199	1.261	0.810	0.742
	2010	10.140	0.421	5.369	10.545	0.192	1.455	0.810	0.751
	2011	10.223	0.413	5.360	10.483	0.204	1.472	0.820	0.759
	2012	10.338	0.495	5.511	10.654	0.264	1.737	0.820	0.767
江苏	2000	8.502	0.517	1.177	7.846	0.069	0.440	0.350	0.562
	2001	8.570	0.516	1.273	7.713	0.077	0.272	0.360	0.575
	2002	8.681	0.522	1.428	7.589	0.081	0.547	0.370	0.587
	2003	8.742	0.545	1.601	7.690	0.084	0.755	0.380	0.600

续表

地区	时间	区域收入差距	产业份额	人均资本存量	人均受教育年限	财政政策	对外开放度	成果转化率	技术创新效率
江苏	2004	8.875	0.566	1.759	7.808	0.085	0.918	0.390	0.612
	2005	9.012	0.566	1.963	8.134	0.091	1.020	0.400	0.624
	2006	9.134	0.566	2.203	8.253	0.093	1.046	0.410	0.635
	2007	9.277	0.556	2.364	8.433	0.099	1.032	0.420	0.647
	2008	9.330	0.550	2.548	8.611	0.107	0.899	0.430	0.658
	2009	9.438	0.539	2.844	8.546	0.117	0.672	0.440	0.669
	2010	9.515	0.525	3.049	9.129	0.119	0.761	0.450	0.680
	2011	9.658	0.513	3.194	9.163	0.127	0.710	0.460	0.690
	2012	9.999	0.672	3.418	9.261	0.174	0.856	0.470	0.700
浙江	2000	8.813	0.527	1.354	7.452	0.071	0.382	0.430	0.667
	2001	8.844	0.513	1.479	7.338	0.089	0.225	0.440	0.678
	2002	8.952	0.511	1.671	7.676	0.096	0.445	0.450	0.688
	2003	9.121	0.526	1.868	7.760	0.095	0.541	0.460	0.698
	2004	9.111	0.538	2.043	7.951	0.095	0.627	0.470	0.708
	2005	9.339	0.533	2.223	7.614	0.094	0.655	0.480	0.718
	2006	9.442	0.541	2.439	8.060	0.093	0.705	0.490	0.727
	2007	9.553	0.540	2.613	8.106	0.096	0.716	0.490	0.736
	2008	9.583	0.539	2.729	8.308	0.103	0.682	0.500	0.745
	2009	9.680	0.518	2.957	8.404	0.115	0.558	0.510	0.754
	2010	9.752	0.516	3.090	8.617	0.116	0.619	0.520	0.762
	2011	9.861	0.512	3.143	8.820	0.119	0.618	0.530	0.770
	2012	10.184	0.645	3.312	9.211	0.155	0.734	0.540	0.778
安徽	2000	7.578	0.427	0.463	6.969	0.106	0.091	0.220	0.381
	2001	7.616	0.430	0.499	7.135	0.123	0.067	0.230	0.396
	2002	7.674	0.435	0.550	6.988	0.128	0.097	0.240	0.410

续表

地区	时间	区域收入差距	产业份额	人均资本存量	人均受教育年限	财政政策	对外开放度	成果转化率	技术创新效率
安徽	2003	7.664	0.448	0.587	7.663	0.128	0.124	0.250	0.425
	2004	7.781	0.451	0.630	7.487	0.125	0.124	0.260	0.440
	2005	8.388	0.413	0.706	7.039	0.133	0.139	0.270	0.454
	2006	8.529	0.431	0.808	7.337	0.153	0.159	0.280	0.469
	2007	8.723	0.447	0.865	7.245	0.169	0.165	0.290	0.483
	2008	8.764	0.466	0.928	7.558	0.186	0.158	0.290	0.497
	2009	8.868	0.487	1.056	7.621	0.213	0.106	0.300	0.511
	2010	8.966	0.521	1.191	8.118	0.209	0.133	0.310	0.525
	2011	9.105	0.543	1.298	8.248	0.216	0.132	0.320	0.539
	2012	9.651	0.731	1.419	8.516	0.308	0.193	0.330	0.552
福建	2000	8.516	0.437	1.119	7.533	0.083	0.448	0.380	0.509
	2001	8.553	0.448	1.210	7.571	0.088	0.343	0.390	0.523
	2002	8.650	0.461	1.329	7.457	0.085	0.502	0.400	0.536
	2003	8.768	0.476	1.458	7.587	0.086	0.559	0.410	0.549
	2004	8.787	0.487	1.558	7.492	0.085	0.650	0.420	0.563
	2005	8.957	0.487	1.689	7.543	0.090	0.679	0.430	0.575
	2006	9.058	0.492	1.911	7.726	0.096	0.656	0.440	0.588
	2007	9.170	0.492	2.062	7.747	0.098	0.612	0.450	0.601
	2008	9.243	0.500	2.232	7.928	0.105	0.544	0.460	0.613
	2009	9.359	0.491	2.523	8.346	0.115	0.445	0.470	0.625
	2010	9.434	0.510	2.751	8.804	0.115	0.500	0.480	0.636
	2011	9.586	0.516	2.913	8.830	0.125	0.528	0.480	0.648
	2012	9.981	0.660	3.145	8.564	0.169	0.638	0.490	0.659
江西	2000	7.992	0.350	0.523	7.539	1.110	0.067	0.270	0.285
	2001	8.084	0.362	0.576	7.718	0.130	0.050	0.280	0.300

续表

地区	时间	区域收入差距	产业份额	人均资本存量	人均受教育年限	财政政策	对外开放度	成果转化率	技术创新效率
江西	2002	8.199	0.388	0.645	7.479	0.139	0.057	0.290	0.315
	2003	8.209	0.434	0.719	8.293	0.135	0.074	0.300	0.329
	2004	8.370	0.456	0.778	7.983	0.130	0.084	0.310	0.344
	2005	8.493	0.473	0.854	7.531	0.139	0.082	0.320	0.359
	2006	8.601	0.497	0.949	7.712	0.149	0.106	0.330	0.374
	2007	8.793	0.517	1.006	8.247	0.165	0.131	0.340	0.389
	2008	8.824	0.527	1.077	8.356	0.187	0.146	0.350	0.404
	2009	8.932	0.512	1.228	8.523	0.204	0.114	0.360	0.419
	2010	9.011	0.542	1.332	8.567	0.203	0.155	0.370	0.434
	2011	9.123	0.546	1.398	8.737	0.217	0.174	0.380	0.448
	2012	9.609	0.706	2.891	8.867	0.307	0.214	0.390	0.463
山东	2000	8.322	0.497	0.933	7.576	0.072	0.242	0.260	0.350
	2001	8.260	0.493	0.999	7.832	0.080	0.160	0.270	0.364
	2002	8.336	0.503	1.119	8.079	0.082	0.266	0.280	0.379
	2003	8.524	0.535	1.249	7.852	0.081	0.297	0.290	0.394
	2004	8.428	0.563	1.384	7.944	0.077	0.324	0.300	0.409
	2005	8.779	0.574	1.555	7.722	0.079	0.339	0.310	0.424
	2006	8.900	0.578	1.753	8.094	0.083	0.344	0.320	0.438
	2007	9.049	0.569	1.886	8.226	0.087	0.359	0.330	0.453
	2008	9.100	0.570	2.015	8.401	0.087	0.354	0.340	0.468
	2009	9.194	0.558	2.248	8.313	0.096	0.280	0.350	0.482
	2010	9.284	0.542	2.431	8.760	0.106	0.327	0.360	0.496
	2011	9.404	0.529	2.544	8.673	0.110	0.336	0.370	0.510
	2012	9.872	0.680	2.722	8.779	0.156	0.409	0.380	0.524

续表

地区	时间	区域收入差距	产业份额	人均资本存量	人均受教育年限	财政政策	对外开放度	成果转化率	技术创新效率
河南	2000	7.880	0.470	0.535	7.709	0.087	0.037	0.310	0.338
	2001	7.956	0.471	0.574	7.980	0.090	0.026	0.320	0.353
	2002	8.083	0.478	0.624	8.076	0.102	0.043	0.330	0.368
	2003	8.092	0.504	0.677	7.967	0.102	0.055	0.340	0.383
	2004	8.228	0.512	0.726	8.219	0.100	0.062	0.350	0.398
	2005	8.347	0.521	0.824	7.986	0.105	0.060	0.360	0.412
	2006	8.482	0.538	0.947	8.054	0.115	0.062	0.370	0.427
	2007	8.672	0.552	1.017	8.183	0.125	0.065	0.380	0.442
	2008	8.708	0.569	1.077	8.421	0.124	0.066	0.390	0.457
	2009	8.813	0.565	1.194	8.387	0.149	0.047	0.390	0.471
	2010	8.894	0.573	1.299	8.657	0.148	0.052	0.400	0.485
	2011	9.019	0.573	1.384	8.704	0.158	0.078	0.410	0.500
	2012	9.580	0.791	1.486	8.663	0.237	0.155	0.420	0.514
湖北	2000	8.173	0.497	0.596	7.757	0.086	0.062	0.280	0.368
	2001	8.235	0.496	0.645	7.921	0.104	0.048	0.290	0.383
	2002	8.356	0.492	0.705	7.342	0.103	0.066	0.300	0.398
	2003	8.375	0.478	0.755	7.920	0.100	0.078	0.310	0.413
	2004	8.532	0.475	0.799	8.096	0.102	0.089	0.320	0.427
	2005	8.525	0.431	0.892	7.822	0.119	0.114	0.330	0.442
	2006	8.621	0.444	1.022	8.258	0.138	0.124	0.340	0.457
	2007	8.786	0.430	1.101	8.423	0.138	0.122	0.350	0.471
	2008	8.826	0.438	1.191	8.684	0.146	0.127	0.360	0.485
	2009	8.923	0.466	1.355	8.489	0.161	0.091	0.370	0.499
	2010	9.016	0.486	1.509	9.009	0.157	0.110	0.380	0.513
	2011	9.159	0.500	1.619	9.047	0.164	0.110	0.390	0.527
	2012	9.603	0.700	1.744	9.202	0.235	0.126	0.400	0.541

续表

地区	时间	区域收入差距	产业份额	人均资本存量	人均受教育年限	财政政策	对外开放度	成果转化率	技术创新效率
湖南	2000	8.130	0.396	0.542	7.783	0.094	0.056	0.380	0.436
	2001	8.220	0.395	0.594	7.882	0.108	0.041	0.390	0.450
	2002	8.276	0.400	0.647	7.910	0.123	0.055	0.400	0.465
	2003	8.299	0.387	0.689	8.051	0.124	0.067	0.410	0.479
	2004	8.435	0.395	0.731	8.157	0.128	0.080	0.420	0.493
	2005	8.528	0.399	0.822	7.991	0.134	0.075	0.430	0.507
	2006	8.626	0.416	0.940	8.169	0.141	0.077	0.440	0.521
	2007	8.793	0.426	1.007	8.420	0.148	0.080	0.450	0.534
	2008	8.831	0.442	1.094	8.600	0.158	0.078	0.460	0.548
	2009	8.932	0.435	1.244	8.465	0.169	0.053	0.470	0.561
	2010	9.008	0.458	1.362	8.908	0.169	0.062	0.480	0.574
	2011	9.111	0.476	1.435	8.807	0.179	0.062	0.490	0.587
	2012	9.647	0.647	1.558	8.721	0.254	0.085	0.500	0.600
广东	2000	8.810	0.504	1.274	8.068	0.112	1.457	0.720	0.720
	2001	8.824	0.502	1.375	7.751	0.124	1.091	0.730	0.731
	2002	8.998	0.504	1.550	8.094	0.129	1.555	0.750	0.745
	2003	9.028	0.536	1.746	8.008	0.124	1.722	0.770	0.771
	2004	9.062	0.554	1.918	8.130	0.116	1.843	0.780	0.791
	2005	9.251	0.507	2.113	8.365	0.102	1.567	0.790	0.801
	2006	9.336	0.513	2.359	8.438	0.097	1.604	0.800	0.822
	2007	9.423	0.513	2.533	8.680	0.102	1.551	0.810	0.830
	2008	9.461	0.516	2.662	8.806	0.106	1.333	0.820	0.844
	2009	9.572	0.492	2.885	8.872	0.110	1.057	0.830	0.852
	2010	9.648	0.500	3.009	9.228	0.118	1.155	0.840	0.871
	2011	9.750	0.497	3.086	9.333	0.126	1.109	0.850	0.882
	2012	10.079	0.612	3.223	9.348	0.163	1.372	0.850	0.891

续表

地区	时间	区域收入差距	产业份额	人均资本存量	人均受教育年限	财政政策	对外开放度	成果转化率	技术创新效率
广西	2000	7.988	0.365	0.440	7.562	0.126	0.082	0.320	0.403
	2001	8.380	0.355	0.470	7.615	0.158	0.065	0.330	0.415
	2002	8.168	0.352	0.520	7.622	0.171	0.082	0.340	0.427
	2003	8.193	0.369	0.563	7.768	0.162	0.096	0.350	0.438
	2004	8.323	0.388	0.599	8.016	0.153	0.107	0.360	0.450
	2005	8.397	0.371	0.676	7.659	0.150	0.104	0.370	0.462
	2006	8.476	0.389	0.771	8.034	0.151	0.110	0.380	0.473
	2007	8.674	0.407	0.816	8.032	0.166	0.118	0.390	0.485
	2008	8.724	0.424	0.856	8.056	0.181	0.128	0.400	0.497
	2009	8.845	0.436	0.988	8.096	0.209	0.125	0.410	0.508
	2010	8.924	0.471	1.120	8.437	0.210	0.125	0.420	0.520
	2011	9.012	0.484	1.215	8.611	0.217	0.129	0.430	0.532
	2012	9.630	0.659	1.299	8.424	0.315	0.196	0.440	0.543
海南	2000	8.153	0.198	0.679	7.669	0.124	0.206	0.420	0.263
	2001	8.092	0.204	0.736	7.567	0.145	0.185	0.440	0.279
	2002	8.225	0.207	0.804	7.943	0.153	0.256	0.450	0.295
	2003	8.428	0.225	0.879	8.190	0.157	0.281	0.470	0.312
	2004	8.459	0.234	0.924	8.406	0.165	0.366	0.480	0.328
	2005	8.540	0.246	0.996	8.109	0.169	0.233	0.490	0.345
	2006	8.660	0.273	1.098	8.169	0.166	0.216	0.510	0.361
	2007	8.821	0.298	1.180	8.325	0.200	0.218	0.520	0.378
	2008	8.858	0.298	1.223	8.394	0.245	0.216	0.530	0.394
	2009	8.960	0.268	1.360	8.437	0.294	0.202	0.550	0.411
	2010	9.033	0.277	1.492	8.895	0.282	0.284	0.560	0.427
	2011	9.161	0.283	1.564	8.880	0.309	0.327	0.570	0.444
	2012	9.580	0.381	1.637	9.147	0.431	0.428	0.580	0.460

续表

地区	时间	区域收入差距	产业份额	人均资本存量	人均受教育年限	财政政策	对外开放度	成果转化率	技术创新效率
重庆	2000	8.067	0.414	0.581	7.271	0.284	0.093	0.320	0.510
	2001	8.117	0.416	0.621	7.343	0.136	0.057	0.330	0.524
	2002	8.208	0.420	0.688	7.438	0.155	0.075	0.340	0.537
	2003	8.263	0.434	0.760	7.669	0.152	0.095	0.350	0.551
	2004	8.411	0.443	0.822	7.247	0.148	0.120	0.360	0.564
	2005	8.665	0.410	0.962	7.392	0.159	0.115	0.370	0.577
	2006	8.759	0.430	1.115	7.573	0.170	0.125	0.380	0.589
	2007	8.882	0.459	1.202	7.724	0.186	0.137	0.390	0.602
	2008	8.946	0.477	1.327	7.898	0.199	0.130	0.400	0.614
	2009	9.069	0.528	1.538	7.934	0.198	0.081	0.410	0.626
	2010	9.157	0.550	1.731	8.529	0.216	0.106	0.420	0.638
	2011	9.297	0.554	1.893	8.779	0.257	0.188	0.430	0.649
	2012	9.740	0.692	2.074	8.636	0.353	0.389	0.440	0.660
四川	2000	8.009	0.424	0.458	7.054	0.047	0.053	0.390	0.436
	2001	8.019	0.397	0.486	7.204	0.134	0.046	0.400	0.450
	2002	8.078	0.407	0.536	7.287	0.144	0.076	0.410	0.465
	2003	8.143	0.415	0.585	7.416	0.134	0.085	0.420	0.479
	2004	8.187	0.410	0.626	7.454	0.137	0.087	0.430	0.493
	2005	8.345	0.415	0.714	6.837	0.147	0.088	0.440	0.507
	2006	8.431	0.437	0.819	7.242	0.156	0.102	0.450	0.521
	2007	8.617	0.442	0.870	7.434	0.167	0.104	0.460	0.535
	2008	8.668	0.463	0.942	7.671	0.236	0.123	0.470	0.548
	2009	8.762	0.474	1.066	7.694	0.254	0.117	0.480	0.561
	2010	8.849	0.505	1.196	8.157	0.248	0.129	0.480	0.574
	2011	8.991	0.525	1.316	8.217	0.222	0.147	0.490	0.587
	2012	9.566	0.729	1.443	8.478	0.322	0.221	0.500	0.600

续表

地区	时间	区域收入差距	产业份额	人均资本存量	人均受教育年限	财政政策	对外开放度	成果转化率	技术创新效率
贵州	2000	7.727	0.390	0.276	6.126	0.203	0.055	0.180	0.283
	2001	7.757	0.387	0.291	6.544	0.254	0.042	0.190	0.298
	2002	7.844	0.401	0.317	6.732	0.267	0.048	0.200	0.312
	2003	7.903	0.427	0.342	6.889	0.245	0.060	0.210	0.327
	2004	8.010	0.449	0.363	6.982	0.263	0.079	0.220	0.342
	2005	8.109	0.418	0.413	6.418	0.263	0.058	0.230	0.357
	2006	8.194	0.430	0.467	6.594	0.268	0.057	0.240	0.372
	2007	8.373	0.419	0.493	6.843	0.290	0.063	0.250	0.387
	2008	8.374	0.423	0.516	7.124	0.316	0.070	0.250	0.402
	2009	8.483	0.377	0.600	7.082	0.351	0.040	0.260	0.417
	2010	8.567	0.391	0.688	7.441	0.355	0.046	0.270	0.431
	2011	8.756	0.385	0.759	7.589	0.395	0.055	0.280	0.446
	2012	9.501	0.535	0.839	7.631	0.551	0.084	0.290	0.461
云南	2000	7.867	0.431	0.477	6.320	0.212	0.077	0.170	0.217
	2001	7.937	0.425	0.508	6.195	0.239	0.066	0.180	0.231
	2002	8.010	0.426	0.549	6.119	0.236	0.083	0.180	0.245
	2003	8.034	0.434	0.584	6.040	0.238	0.090	0.190	0.259
	2004	8.152	0.444	0.608	6.816	0.224	0.105	0.200	0.273
	2005	8.263	0.413	0.647	6.378	0.221	0.112	0.210	0.288
	2006	8.349	0.427	0.703	6.663	0.223	0.124	0.220	0.302
	2007	8.509	0.433	0.727	6.785	0.239	0.141	0.230	0.317
	2008	8.567	0.430	0.769	6.981	0.258	0.117	0.240	0.332
	2009	8.663	0.419	0.854	6.905	0.316	0.089	0.250	0.347
	2010	8.751	0.446	0.918	7.569	0.316	0.126	0.250	0.362
	2011	8.899	0.425	0.989	7.686	0.329	0.116	0.260	0.377
	2012	9.620	0.590	1.082	7.850	0.477	0.177	0.270	0.392

续表

地区	时间	区域收入差距	产业份额	人均资本存量	人均受教育年限	财政政策	对外开放度	成果转化率	技术创新效率
陕西	2000	7.875	0.440	0.572	7.697	0.164	0.107	0.310	0.462
	2001	7.939	0.443	0.617	7.586	0.190	0.090	0.320	0.474
	2002	8.087	0.455	0.700	7.430	0.199	0.090	0.330	0.487
	2003	8.096	0.473	0.786	8.112	0.174	0.096	0.340	0.500
	2004	8.226	0.491	0.873	8.262	0.179	0.105	0.350	0.513
	2005	8.325	0.503	0.973	8.062	0.174	0.102	0.360	0.527
	2006	8.446	0.539	1.075	8.299	0.182	0.094	0.370	0.541
	2007	8.616	0.542	1.162	8.400	0.193	0.096	0.380	0.555
	2008	8.702	0.561	1.196	8.660	0.209	0.084	0.390	0.569
	2009	8.809	0.519	1.248	8.585	0.225	0.070	0.400	0.584
	2010	8.893	0.538	1.335	9.122	0.219	0.081	0.410	0.598
	2011	9.048	0.554	1.394	8.952	0.234	0.076	0.420	0.603
	2012	9.610	0.762	1.486	9.135	0.314	0.088	0.430	0.618
甘肃	2000	7.723	0.447	0.413	6.523	0.191	0.048	0.190	0.158
	2001	7.761	0.449	0.433	6.720	0.220	0.031	0.200	0.170
	2002	7.875	0.457	0.472	6.780	0.236	0.063	0.210	0.182
	2003	7.909	0.466	0.515	7.038	0.230	0.084	0.220	0.195
	2004	8.068	0.486	0.558	7.236	0.229	0.094	0.220	0.208
	2005	8.156	0.434	0.615	6.860	0.222	0.111	0.230	0.222
	2006	8.250	0.458	0.679	6.777	0.232	0.134	0.240	0.236
	2007	8.366	0.473	0.710	7.064	0.250	0.155	0.250	0.250
	2008	8.354	0.463	0.729	7.251	0.305	0.133	0.260	0.264
	2009	8.435	0.451	0.803	7.291	0.368	0.078	0.270	0.278
	2010	8.508	0.482	0.874	8.005	0.356	0.122	0.280	0.293
	2011	8.645	0.474	0.927	8.154	0.357	0.112	0.290	0.308
	2012	9.350	0.667	1.013	8.279	0.529	0.144	0.300	0.323

续表

地区	时间	区域收入差距	产业份额	人均资本存量	人均受教育年限	财政政策	对外开放度	成果转化率	技术创新效率
青海	2000	7.927	0.432	0.513	6.158	0.259	0.050	0.290	0.081
	2001	8.019	0.439	0.552	5.968	0.337	0.030	0.300	0.090
	2002	8.072	0.451	0.598	6.348	0.348	0.048	0.310	0.099
	2003	8.097	0.472	0.649	6.720	0.313	0.072	0.320	0.109
	2004	8.201	0.488	0.700	6.802	0.295	0.102	0.330	0.119
	2005	8.298	0.487	0.773	6.758	0.312	0.062	0.340	0.129
	2006	8.388	0.516	0.854	6.993	0.335	0.081	0.350	0.140
	2007	8.505	0.533	0.888	7.179	0.360	0.059	0.360	0.152
	2008	8.508	0.551	0.924	7.386	0.378	0.050	0.370	0.164
	2009	8.581	0.532	0.988	7.448	0.450	0.037	0.380	0.176
	2010	8.631	0.551	1.073	7.630	0.550	0.040	0.390	0.189
	2011	8.759	0.584	1.135	7.784	0.579	0.036	0.400	0.202
	2012	9.214	0.906	1.225	7.609	0.961	0.061	0.410	0.215
宁夏	2000	7.924	0.452	0.538	7.010	0.229	0.138	0.140	0.159
	2001	8.011	0.450	0.572	7.281	0.314	0.088	0.150	0.171
	2002	8.111	0.459	0.625	7.392	0.348	0.111	0.160	0.184
	2003	8.135	0.498	0.682	7.347	0.275	0.140	0.170	0.197
	2004	8.306	0.520	0.722	7.703	0.267	0.163	0.170	0.210
	2005	8.414	0.464	0.778	7.375	0.264	0.131	0.180	0.223
	2006	8.520	0.492	0.849	7.625	0.272	0.161	0.190	0.237
	2007	8.681	0.508	0.880	7.822	0.272	0.135	0.200	0.251
	2008	8.737	0.529	0.920	8.147	0.295	0.119	0.210	0.265
	2009	8.827	0.489	1.010	8.217	0.319	0.061	0.220	0.280
	2010	8.891	0.490	1.088	8.501	0.330	0.079	0.230	0.294
	2011	9.008	0.502	1.134	8.389	0.336	0.070	0.230	0.309
	2012	9.439	0.709	1.225	8.367	0.529	0.086	0.240	0.324

续表

地区	时间	区域收入差距	产业份额	人均资本存量	人均受教育年限	财政政策	对外开放度	成果转化率	技术创新效率
新疆	2000	7.999	0.430	0.753	7.722	0.140	0.137	0.260	0.143
	2001	8.060	0.424	0.764	8.010	0.177	0.098	0.270	0.154
	2002	8.144	0.421	0.820	8.366	0.226	0.139	0.280	0.166
	2003	8.210	0.424	0.894	8.376	0.196	0.210	0.290	0.179
	2004	8.253	0.459	0.955	8.485	0.191	0.212	0.300	0.191
	2005	8.347	0.447	1.032	8.203	0.199	0.250	0.310	0.205
	2006	8.446	0.479	1.106	8.295	0.223	0.238	0.320	0.218
	2007	8.590	0.468	1.138	8.511	0.226	0.296	0.330	0.232
	2008	8.587	0.496	1.161	8.589	0.252	0.367	0.340	0.246
	2009	8.662	0.451	1.227	8.658	0.315	0.223	0.350	0.260
	2010	8.750	0.477	1.285	8.922	0.312	0.213	0.360	0.274
	2011	8.870	0.488	1.343	9.177	0.346	0.223	0.360	0.289
	2012	9.405	0.665	1.433	9.050	0.520	0.304	0.370	0.304